我 的 世 界

Minecraft
DIY大事典

尖端出版1-2编辑部 编著

辽宁人民出版社

Minecraft DIY大事典 Contents

Chapter 1

Chapter 2

Chapter 3

Chapter 4
关键结构建筑学 ························ 061

Chapter 5
专访两大团队MTW和红石口袋 ············ 143

Chapter 6
地图种子码 ………………………… 189

Chapter 7
其他沙盒游戏介绍 ……………………… 201

Chapter 1
新手入门基础篇

Minecraft是一款自由度相当高的游戏。从创造世界开始，只要输入不同的地图码就会出现不同地形的地图。在建筑模式里面，玩家可以凭自己的想象力盖出任意形状的建筑物，里面的红石系统更可以做出各种机关，玩法真的很多。不过这也表示对新手而言不是那么容易上手，所以让我们从注册一个正版账号开始，一直到进入游戏中10分钟内该做的事，来快速了解怎么玩Minecraft。

你不可不知的小知识

在台湾被翻译成"我的世界"的Minecraft这款游戏，并没有进行宣传或广告，只靠着玩家所分享的影片或文章，就能够受到广大玩家的喜爱，在各大论坛的讨论也相当热烈，这在游戏界可以说是一个奇迹。

"我的世界"的热门表现不只有电脑版游戏，还陆陆续续发表了手机版以及Xbox、PS等版本，甚至还出现Fortress Craft（建个创意城）、Ace of Spades（黑桃A）等类似的建筑游戏呢！

▲ "建个创意城"与"我的世界"的内容相似度相当高。

▲ 即使没有进行宣传也能在台湾造成轰动的"我的世界"。

"我的世界"的由来

"我的世界"是一款沙盒式的建筑游戏，一开始是由瑞典的工程师马库斯·阿列克谢·泊松（Markus Alexej Persson）独立开发。马库斯原本任职于网页游戏公司，担任制作Flash游戏的工作，却一直想要开发属于自己的游

戏，于是在2009年离职，开始专心制作"我的世界"。在制作过程中，他的灵感常常来自于"矮人要塞（Dwarf Fortress）""模拟乐园（Roller Coaster Tycoon）""地城守护者（Dungeon Keeper）"。

▲ "黑桃A"虽然是一款射击游戏，却可以自己建筑障碍物抵挡敌方炮火。

▲ 虽然Infiniminer发行不到一个月就停止开发，却给了马库斯相当大的灵感。

在经过一星期的独立开发之后，马库斯将"我的世界"发布在TIGSource论坛上，马上就引起了轰动，连马库斯自己也没有想到"我的世界"会如此受欢迎。在"我的世界"大受欢迎之后，马库斯还是相当有自己的想法，他拒绝了游戏大厂的邀请，自己创立了Mojang AB公司，继续开发"我的世界"，而这也是"我的世界"的营运模式有别于一般线上游戏的原因了。目前，马库斯已经将"我的世界"的开发工作交给公司的团队，自己继续开发下一个游戏了。

▲ "我的世界"的开发者马库斯，是个相当有想法的游戏人。

◀ 现在的"我的世界"已经拥有许多周边商品，连乐高都发行了Minecraft组件。

什么是沙盒？

在"我的世界"的相关报道中常常看到沙盒（Sandbox）这个名词，那么到底什么是沙盒呢？在欧美，父母常常会把沙子装在一个大盒子内，以供小朋友做沙雕玩耍，这个大盒子就称为沙盒。其实沙盒在国内常被称为沙坑，沙坑在国内通常固定设置在公园内，以至让人无法跟沙盒联系在一起。

▲ 在欧美国家，父母会将沙子装入木制盒子中，供小朋友玩耍。

沙盒因为具有可以在盒内任意玩耍并且可以随时复原的特性，所以用到网络上之后，就是指一种拥有能够随时复原功能的网络服务。许多网站都有类似的功能，例如Google以及Wiki等等。而在游戏领域中所谓的沙盒式游戏，指的就是在游戏里面的场景，玩家都能够去移动或者是破坏。代表性作品有"侠盗猎车手Grand Theft Auto""刺客教条"以及"上古卷轴"等等，其中最热门的当然就是"我的世界"Minecraft了。

◀ "我的世界"无疑是沙盒式游戏的霸主了。

如何申请"我的世界"的账号

要玩到正版"我的世界",就得先到游戏官网下载程序并注册账号。难点在于,虽然"我的世界"有中文模式,账号却需要直接到Minecraft的英文官网(目前正版尚无中文官网)注册,所以很多玩家都是苦于不会英文而被卡住。

注册完账号再购买正版,就可以进入"我的世界"喽!

申请Minecraft官网账号

★STEP 1 链接官网

首先,链接到Minecraft的官网。可以在地址栏输入"https://minecraft.net/",或是在各大搜索引擎键入"网易我的世界"。

▲ 首先链接到Minecraft官网,点选右下红圈处下载游戏程序。

MINECRAFT是最好玩的游戏,网易新闻客户端有最时鲜的新闻

★STEP 2 填写资料

链接到注册页面之后，依序填入资料。

A. E-mail：输入E-mail信箱，回复认证信用。

B. Password：输入密码。

C. Repeat Password：再次输入密码。

D. I'm happy to receive Mojang news and updates：勾选会定期收到Mojang电子报。

E. First Name：输入名字。

F. Last Name：输入姓。

G. Date of birth：设定出生日期。

H. Security Questions：设定安全问答，建议以纯文字文档记录这里设定的问题及答案，或是直接截取画面存档。

I. I accept the Terms and Conditions, including the Privacy Policy：同意Mojang的条款。需勾选。

J. Register：全部填完后点击。

★STEP 3 填写完成

申请Minecraft账号时，要填写的项目比其他网站要少很多。在依序填入各项目，并点击"Register"按键之后，就会链接到认证页面。在这里请再次确认好输入的e-mail信箱是否正确，如果发现有错误，就可以点击"Set a new e-mail address."来重新设定信箱。

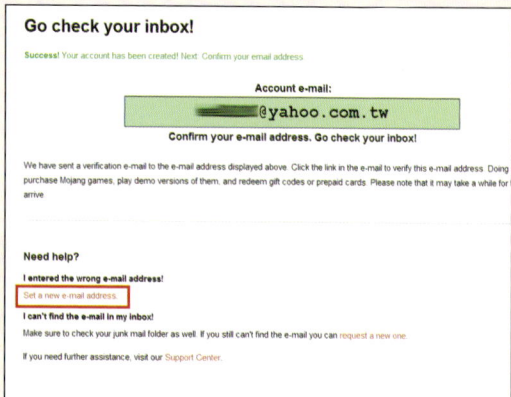

Go check your inbox!

Success! Your account has been created! Next: Confirm your email address

Account e-mail:

██████ @yahoo.com.tw

Confirm your e-mail address. Go check your inbox!

We have sent a verification e-mail to the e-mail address displayed above. Click the link in the e-mail to verify this e-mail address. Doing purchase Mojang games, play demo versions of them, and redeem gift codes or prepaid cards. Please note that it may take a while for arrive

Need help?

I entered the wrong e-mail address!
Set a new e-mail address.

I can't find the e-mail in my inbox!
Make sure to check your junk mail folder as well. If you still can't find the e-mail you can request a new one.

If you need further assistance, visit our Support Center.

▲ 跳到认证页面之后，就只剩身份认证了。如果e-mail信箱有误，可以点击"Set a new e-mail address."重新设定。

★STEP 4 回复认证信

接着到自己的e-mail信箱收信，Minecraft寄信的速度很快，如果收不到信，要再确认看看e-mail信箱有没有设定错误，或是变成垃圾信了哦！

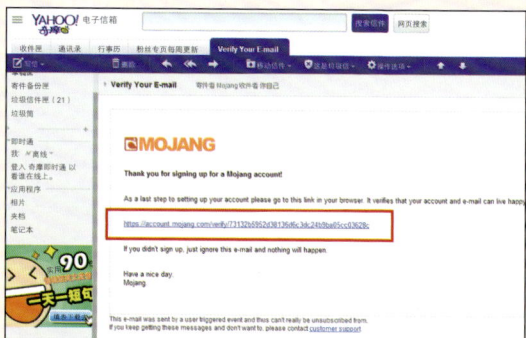

MOJANG

Thank you for signing up for a Mojang account!

As a last step to setting up your account please go to this link in your browser. It verifies that your account and e-mail can live happy

https://account.mojang.com/verify/73132b5952d38126d6c3dc24b9ba05cc0362bc

If you didn't sign up, just ignore this e-mail and nothing will happen.

Have a nice day.
Mojang.

▲ 点击链接完成认证手续。

★STEP 5 完成认证

点击认证信的链接之后，账号的注册就完成了。不过目前的账号还不是正版的，要付费后才能让自己的账号升级为正版账号。

MOJANG

My Account

E-mail address

██████ @yahoo.com.tw

View account settings

My Games

Did you know that if you have an old Premium Minecraft account you can import it into this account?
If you do, you should start using your Mojang account e-mail as username when logging in to Minecraft.

My Gift Codes

Redeem Gift Code or Prepaid Card

Click the button below to redeem your gift code or prepaid gift card.

Redeem Gift Code or Prepaid Card

For more info on prepaid gift cards, visit minecraft.net.

▲ 出现这个画面后，就代表已经成功注册账号了。

玩过MINECRAFT之后才知道什么叫好玩，用过网易考拉海购之后才知道什么叫划算

新手生存法则

一般都认为能够随便盖出漂亮的建筑物才是"我的世界"最大的魅力，其实除了盖建筑物外，还有洞穴探险、生存游戏以及畜牧养殖等，很多新奇要素都可在游戏中找到。接下来的单元，将会告诉新手如何在"我的世界"中快速上手。

▲ "我的世界"除了建筑之外，还有很多吸引人的玩法哦！

单人游戏介绍

在游戏的主选单中点击"单人游戏"之后，可以有两种选择，一种是选择先前所储存的地图，进入该地图继续上次的冒险。而另一种就是创造新的世界，从头开始新的冒险。现在就来看看如何操作吧！

选择世界

一进入单人游戏的选单，就会看到以前玩过的地图出现在页面中。这些以前玩过的地图，可以在这个页面中重新命名或是删除。选择要进入的世界之后，点击"进入选择的世界"按键，或是直接双击所选择的世界，就能继续上次的冒险。

▲ 以前玩过的地图，会排列在画面之中。

创造新的世界

点击"创造新的世界"按键之后所来到的画面，除了可以设定世界的名称外，还可以选择游戏模式，以及"进阶世界选项"。在"进阶世界选项"中，还可以用种子码来指定生成的世界，或是设定是否开启村庄或地牢等建筑，以及是否进入超平坦世界。

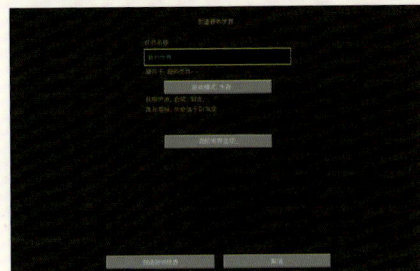

▲ 如果不设定种子码的话，直接点击左下方的"创造新的世界"，就可以随机生成地图。

● 可选择的游戏模式

模式	内容
生存	获取资源，合成，制造，提升等级、生命值与饥饿度。
创造	无限资源，自由飞行，并且能够瞬间破坏方块。
极限	锁定最难的生存模式，并且只有一次生命。

▲在"创造新的世界"中，还可以更加详细地设定世界的条件。

超平坦世界

　　在"进阶世界选项"画面中，把世界类型设定为平地时，就可以创造出平坦的世界。超平坦世界主要是由三层泥土及一层基岩组成，地面上除了村庄之外，就是一望无际的草原。设定为平地后，会出现"个性化"按钮，除了经典平坦之外，还可以选择挖洞者的梦想、水世界、主世界、雪之国度、无底洞、沙漠、红石就绪等，一共八种超平坦世界。

▲超平坦世界除了村庄外，就是宽广的草原。

▲超平坦世界中也会有动物出没哦！

多人游戏介绍

　　"我的世界"也可以进行多人连线游戏，只要输入服务器地址，也就是开设服务器玩家的IP，就可以连线过去了。与单人游戏相同的功能是，多人游戏也能够直接连线或是选择先前连线过的服务器。

选择服务器

　　点击"多人游戏"按键之后的页面，会显示出曾经连线过的服务器清单，可以看到该服务器是否能够连线，及连线是否良好。选择好服务器点击"进入服务器"，或是点击两次该服务器就可以连线了。

▲服务器选单会显示各服务器的连线状态。

直接连线

连线到服务器时，也可选择输入服务器IP地址直接连线的方式。只要点击中间的"直接连线"按键，在页面中输入服务器的IP地址，并且点击"进入服务器"按键，就可以开始进行连线了。

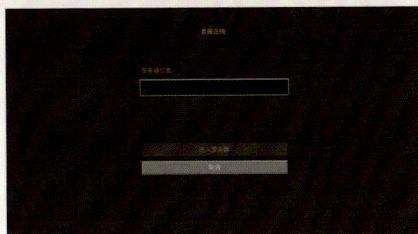

▲输入服务器地址就可以直接连线。

新增服务器

当然玩家也可以随意新增清单上的服务器，点击"新增服务器"后，在页面中设定服务器的名称，以及服务器的IP位址，最后点击"完成"键，就可以成功新增服务器了。

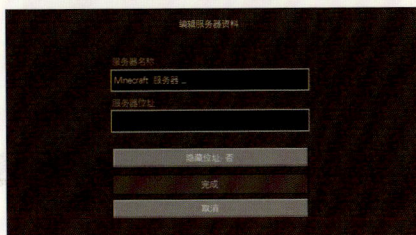

▲设好常连线的服务器，在连线时才会比较方便。

进游戏10分钟内该做的事

在"我的世界"的世界中，每一天一共是现实世界的20分钟，也就是10分钟白天、10分钟晚上。晚上是怪物出没的时间——其实比较正确的说法应该是怪物会出现在阴暗的地方。也就是说，即使是白天，在洞穴中阴暗的地方，还是会有怪物出没。

在进入新地图10分钟之后就会变成晚上，怪物就会开始在地面上出现。

如果这个时候没有安全的庇护所，人物角色就会暴露在怪物的威胁之下，所以这10分钟将会是最关键的10分钟。

这10分钟说长不长、说短不短，很多新手并没有注意到这一点，往往东摸摸西摸摸，等到了晚上的时候，就突然被怪物攻击。因此接下来的单元将会介绍新手在第一个10分钟内应该做的事。

● 踏入新世界10分钟内所要做的事

分钟	内容
1	搜寻附近的树木。
2	徒手砍树，并至少取得5个以上的木头。
3	使用木头制作工作台及木镐。
4	用木镐挖出6个石块，并做成石斧及石镐。
5	逛逛四周，寻找煤炭，并且找好过夜的地方。如果找不到煤炭，要尽可能多砍一些树来烧成火炭。

分钟	内容
6	带走工作台，并且再次搜寻，如果遇到3只以上的羊群，就攻击并取得3个羊毛。
7~9	整地并且准备过夜的地方，完成后开始制作火把。
10	如果之前收集到3个羊毛，就可以做出床来快速度过夜晚。

第1~2分钟

进入新世界的第一件事，当然就是寻找四周有没有树木了。光是木头就可以制造出很多生存所必需的道具，所以取得木头是第一要务。如果周围都找不到树木的话，对于新手而言，生存就有点困难了。

▲进入新世界后的第一件事，就是寻找出生点四周的树木。

▲用画面正中央的十字标记对准方块，并按住鼠标左键，就可以破坏该方块。

第3分钟

在第3分钟要赶快利用刚刚获得的木头，按下E键，弹出人物视窗制作出合成台，并且使用合成台制作出木棍与木镐。人物视窗与工作台的视窗虽然都有合成栏，但人物视窗上的合成栏只有2x2格，而工作台却有3x3格，所以人物视窗只能合成较简单的道具，例如木材或木棍。

▲把木头放在合成栏上面，右边就会出现合成物"木材"，把木材拉下来，合成就完成了。

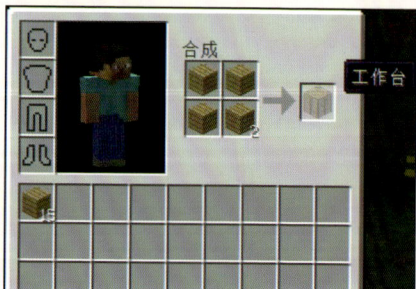

▲把木材摆满合成栏上的四个格子，就能合成出工作台。

▲对工作台点击右键后，就可以弹出工作台的视窗。再把木材上下排列，就可以得到木棍。

▲把木材与木棍依照上图排列，就可以得到木镐。

第4分钟

完成木镐之后，要马上在附近找到圆石，并且挖出6个石块。收集到6个石块之后，就马上回到工作台做出石斧以及石镐来。

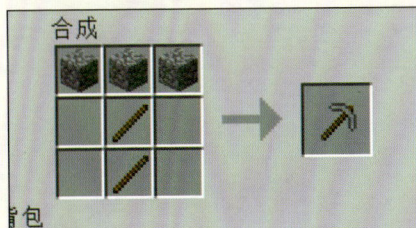

▲把石块与木棍依照上图排列，就可以得到石镐。

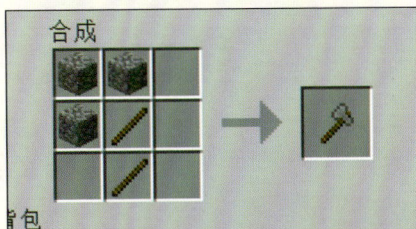

▲把石块与木棍依照上图排列，就可以得到石斧。

第5分钟

接下来的第5分钟要继续在附近搜寻，看看有没有煤炭。如果有煤炭，就多砍点木头来制成木炭。在这个时候，手上有了石斧，砍树的速度会快许多。

▲用石斧砍树的话，速度会比空手快很多。

第6分钟

时间来到第6分钟，这时把工作台回收，并记好重生点附近的地形，必要的时候可以做点标记。剩下的时间就在附近寻找有没有适合度过晚上的庇护所，如果遇到羊群，可以直接攻击羊群，并且收集3个羊毛。

▲遇到羊群就顺便收集3个羊毛，羊毛的颜色不限。

第7～9分钟

接下来的3分钟时间就用来整地，并搭盖出简单的庇护所，以度过第一个夜晚。第一栋房子建议不要考虑外观以及大小，重点是能不能完全隔绝怪物以及建造速度。想要住在大房子里，来日方长，以后有的是时间来盖，现在最重要的是赶在夜晚来临前盖出一个庇护所，以便度过第一个夜晚。建议直接找个山壁往里挖，在门口装个木门就可以了。

▲ 把木材依照上图排列，就可以得到木门。

▲ 直接找个山壁挖进去，在门口装上木门，就可以度过一个晚上。若还有时间，可将里面的空间拓宽。

准备好过夜的地方之后，剩余的时间就拿来制作火把吧！前面的单元曾经提到，怪物怕光，所以火把也是"我的世界"中探险及生存所必备的道具

哦！如果之前没有找到煤炭，可以再去挖8个石块做出熔炉，然后烧木头制作出木炭。这样就可以利用木炭与木棍合成火把了。

▲ 把石块围成一圈，就可以合成熔炉。

▲ 把熔炉设置在地上后，开启熔炉视窗，用木材作燃料，就可以把木头烧制为木炭。

▲ 把火炭或煤炭放在木棍上面，就可以合成出永远不熄灭的火把了。

▲ 把火把插在庇护所附近，确保晚上怪物不会靠近。

第10分钟

最后，如果收集到3个羊毛的话，就可以与木材合成床铺。只要在晚上对床铺点击鼠标右键，一瞬间就会天亮！如果身上没有羊毛，但是有足够的火把，就可以直接开始挖矿了。如果没有羊毛也没有火把，就只好待在庇护所里对着屏幕发呆10分钟，一直到游戏中天亮，毕竟在晚上没有火把是很危险的事。

合成

背包

▲即使羊毛的颜色不一样，只要依照图中排列，也可以合成出床铺来。

材质包介绍

由于"我的世界"的世界是由一个一个方块组成的，所以只要改变这些方块的外观，整个世界也就随之一变。所以"我的世界"有个能够改变游戏材质的选项，而网络上也有许多材质包免费分享，供一般网友下载替换。

想要下载材质包建议到Planet Minecraft网站，首先，链接到"http://www.planetminecraft.com/"，然后点击首页上的"Texture Packs"按键。链接到"Texture Packs"页面后，只要点蓝色标题就可进入各材质包的页面了。

A. 点击"Texture Packs"按键。　　B. 点击蓝色标题进入各材质包页面。

来到材质包的页面后，使用者可以在主要的画面观看使用材质包后的游戏画面，来决定是否下载这个材质包。决定下载后，只要点击"Download"就可以下载该材质包的压缩文件了。

▲ 点击页面中的"Download"下载材质包。

替换材质

★STEP 1 游戏材质页面

打开游戏之后，点击游戏主画面中的"游戏材质"按键。

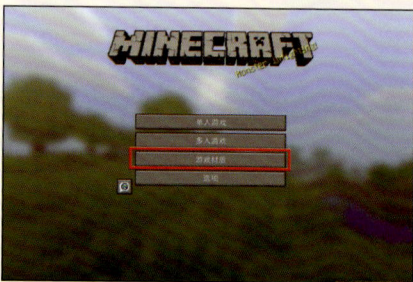

▲ 在游戏的主画面中，点击"游戏材质"按键。

★STEP 2 打开材质包文件夹

到了"游戏材质"页面后，可以看到页面中已有一个Default材质，也就是游戏所预设的材质。点击左下角的"打开材质包文件夹"按键，就可以打开游戏的材质包文件夹。

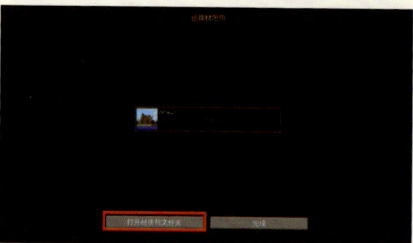

▲ 点击"打开材质包文件夹"按键。

★STEP 3 复制材质包

第一次打开游戏的材质包文件夹时，文件夹内都是空无一物。这时只要把之前所下载的材质包的文件夹整个复制到上面即可。

▲ 把下载的材质包解压后，整个文件夹复制到游戏的材质包文件夹。

★STEP 4 选择材质

回到"游戏材质"页面后，就会发现材质的选择多了一个。这时只要选择新的材质，并且点击右下角的"完成"键，就完成材质的替换了。

▲现在材质选单上有两个材质可供选择。

◀换了材质之后，整个画面都不一样了！

可更换的角色外观

一开始人物角色预设为大叔，在购买正版之后，就可以自行更换人物角色。而且只要有对应的皮肤（Skin），就可以随自己的喜好，让自己的人物角色变成任何角色哦！

▲Minecraft预设角色的皮肤文件。

取得人物皮肤

关于"我的世界"的角色皮肤，可以在"The Skindex – Minecraft Skins"网站取得。在这个网站不但可以免费下载其他人分享的人物皮肤，而且还提供皮肤编辑器，让使用者编辑属于自己的人物皮肤。当然自己所制作的人物皮肤也可以分享给其他人使用哦！

连接到"http://www.minecraftskins.com/"之后，在首页点击"Editor"就可以链接到皮肤的编辑器页面。在编辑器上面，使用者可以挑选颜色，在人物上自由作画。而且在人物以外的区域，也可以按住鼠标左键拖拽，来改变人物的角度。

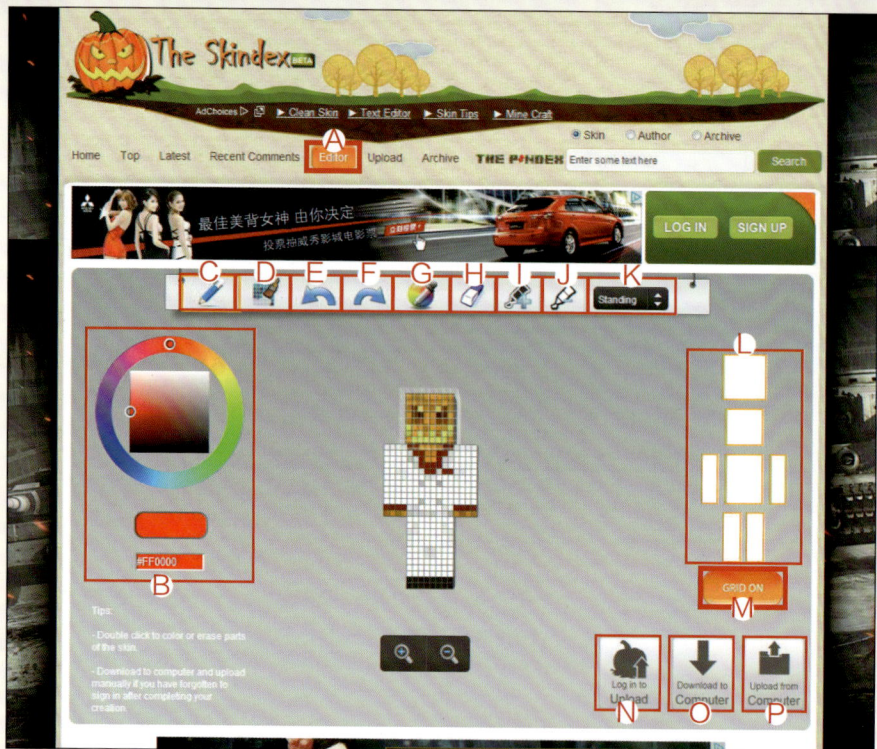

A. 点击Editor

B. 颜色捡选器

C. 画笔

D. 自动色调

E. 恢复上个动作

F. 恢复下个动作

G. 滴管工具

H. 橡皮擦

I. 加深所选颜色

J. 加亮所选颜色

K. 变更人物动作

L. 显示/隐藏单一区块

M. 显示/隐藏格线

N. 分享目前编辑的皮肤

O. 下载目前编辑的皮肤

P. 上传并分享电脑中的皮肤

　　除了自行编辑皮肤之外，玩家还可以在"The Skindex – Minecraft Skins"网站首页，下载其他网友分享的皮肤。进到下载页面后，可以用鼠标左键拖拽人物来观察该人物各种角度的模样，也可以选择直接链接到官网更换皮肤，或是将皮肤下载到电脑中。

▲首页有许多网友分享的皮肤供使用者下载。

游戏我玩MINECRAFT，学习我用网易云课堂

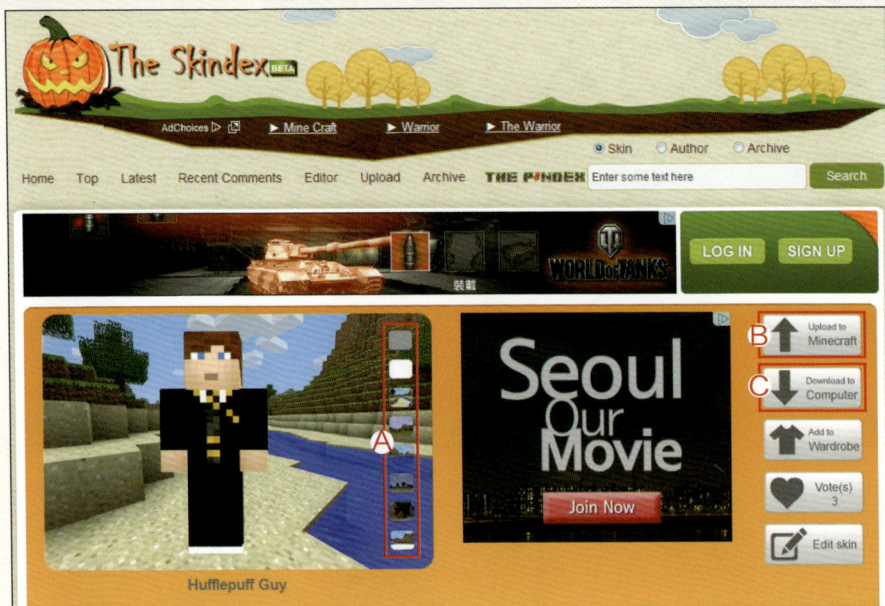

A. 切换对照场景

B. 直接链接到官网更换皮肤

C. 将皮肤下载到电脑中

更换人物皮肤

　　要更换人物皮肤，也就是人物的外观，需要登录Minecraft官网，然后点击上方的"Profile"。到了"Profile"页面后，在"Change how you look in Minecraft"项目中，

点击"选择文件"按钮在电脑中选择准备好的人物皮肤后，点击"Upload"键即可。上传完毕后，出现"Your skin has been changed!"字样，就代表人物的皮肤已经替换完成喽！

▲登录官网后，点击"Profile"。

▲在"Profile"页面中，选择皮肤文件后上传。

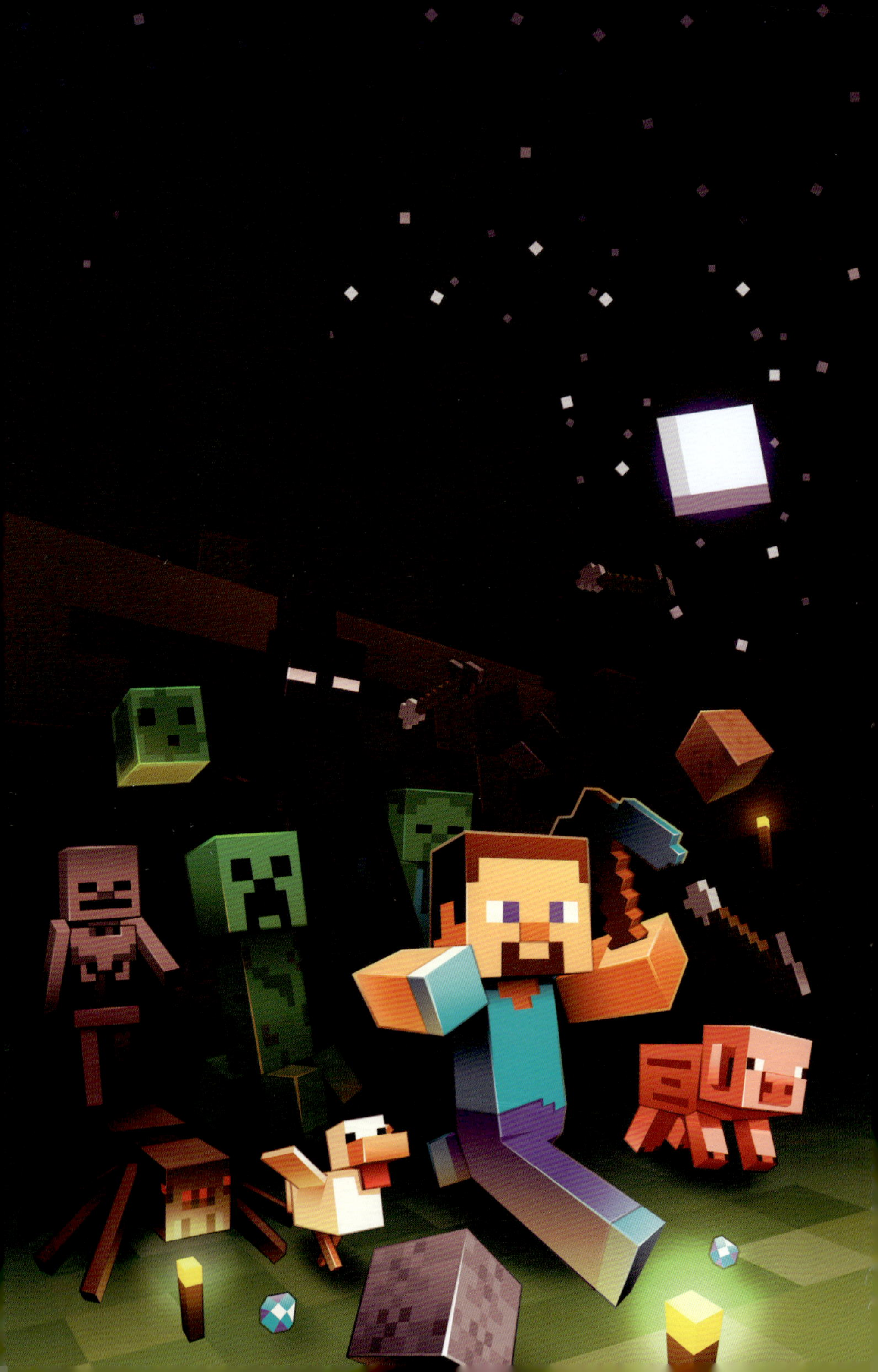

Chapter 2
插件与模组
让你的世界变得不一样

在"我的世界"的世界中，除了正式的游戏内容之外，只要利用玩家修改并公布的插件与模组，就可以体会到更多的游戏内容以及功能，在"我的世界"中你永远都不会玩腻！想知道插件与模组分别是什么东西吗？接下来的单元不但会介绍插件与模组的区别，还教你如何安装模组，让你可以玩到更多的内容哦！

让麦块变得更丰富的插件与模组

"我的世界"中的地图多到数不清，不过一直在同样的环境下，玩久也还是会腻的。其实"我的世界"除了原本游戏的内容外，还会依照玩家所安装的插件或模组，而出现不一样的玩法哦！说到插件与模组，常常会让人搞混，甚至有人把插件与模组混为一谈，所以本单元将详细介绍插件与模组的差别，让玩家可以根据它们不同的特性而玩到更丰富的内容！

插件的功能

在"我的世界"中，所谓的插件，指的就是Plugin。插件跟模组两者虽然都为"我的世界"增添新玩法与功能，不过插件多半是指在旧有的道具中增加新的功能，例如当玩家角色死亡后，会在原地出现脸孔一样的僵尸。其实简单说，插件的功能规模比较大，它的功能通常会扩及整个服务器，而模组多半只会影响到玩家自己的功能。举例来说，在服务器中加入买卖系统，或是加入只有地主才能拆除、兴建的功能，都是插件的功能。

▲插件与模组可以做什么呢？

▲插件能让玩家变成僵尸。

◀经济系统的插件能在布告栏中显示各种指数。

模组的功能

接下来要介绍模组。模组英文简称Mod，全名Modification，意思就是修改、改变，引申到游戏中就是修改游戏模组的意思。随着"我的世界"的发展，模组功能越来越受到欢迎，内容也越来越五花八门。

▲ 模组功能可以让你的世界更加有趣！

模组能做什么？

许多模组的功能都是让"我的世界"增加额外的道具或内容，让玩家的选择更多元，例如能够上太空的模组，或是能够建造出飞行器或交通工具的模组。而部分的模组则是能加入更方便或是更详细的设定，例如能够让玩家自行设定速度、画面表现、游戏贴图等。

既然游戏贴图也算是游戏模组之一，聪明的读者一定会联想到材质包会不会也算是模组。其实"我的世界"的材质包也算是游戏模组之一，只不过官方特别把更换材质包设定为一个功能，而玩家也因此能轻松自由地更换材质包了。

▲ 模组有许多原版游戏不具备的功能哦！

取得模组

安装模组前，首先要取得模组。而要取得模组的话，当然是从网络上下载。能够下载模组的，不外乎是一些"我的世界"的讨论网站。接下来的篇幅将会介绍几个能够下载的网站，读者可以到这些网站上去找找看有没有喜欢的模组哦！

▲ 想要在"我的世界"的世界中探索外太空吗？

★ Minecraft Forums

Minecraft Forums是一个英文的社群讨论网站，在这个网站内多个论坛中，有一个名称叫作"Minecraft Mods"的论坛。没错，这就是"我的世界"的模组论坛哦，如果看得懂英文，不妨到这个论坛来挖宝哦！

链接到"http://www.minecraftforum. net/"，接下来点击上方的"Forum"分页。Minecraft Forums网站的讨论区与一般论坛一样，我们要看的网页就在"Mapping and Modding"分类中，这里把网页往下拉，然后点击"Minecraft Mods"论坛即可。

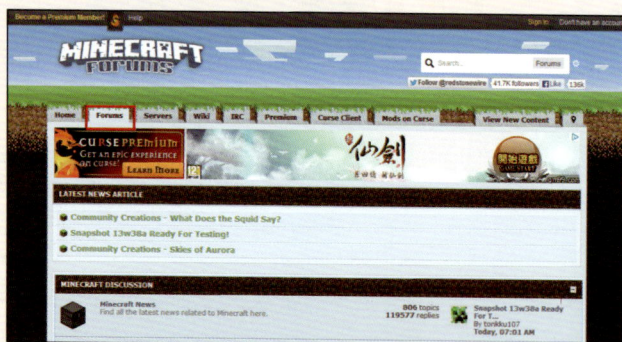

◀链接到Minecraft Forums网站后，点击上方的"Forums"分页，进入论坛列表。

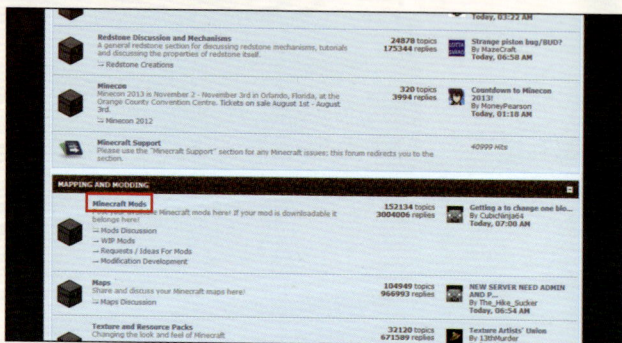

◀往下拉论坛列表，点击Minecraft Mods论坛。

◀Minecraft Mods论坛中有许多外国网友发表的"我的世界"模组。

MINECRAFT是最好玩的游戏，网易新闻客户端有最时鲜的新闻

★ Minecraft非公式日本ユーザーフォーラム（非官方日本玩家论坛）

接下来为各位介绍的是日文网站"Minecraft 非公式日本ユーザーフォーラム"，意思为Minecraft非官方日本玩家论坛。首先在地址栏键入"http://forum.minecraftuser.jp/"，链接到网站首页。由于整个网站都是论坛，一到首页就是各论坛的列表，而专门发布模组的论坛"MOD 公开／绍介"的链接也在首页，稍微往下拉就可以看到了。

进到"MOD 公开／绍介"论坛后，就可以看到日本网友所发布的模组资讯了。懂得日文或是有翻译软件的玩家，可以到这个论坛找文章，而且文章都附有图片，即使不会日文也可以看懂有什么新的模组哦！

◄一链接到网站首页，就可看到许多Minecraft的论坛。

◄把网页往下拉就可以找到"MOD 公开／绍介"论坛。

◄点进论坛之后，就会看到日本网友所发表的模组文章了。

模组的安装教学

在知道模组要到哪里下载之后，接下来就是把下载到的模组安装到Minecraft了。由于模组的内容五花八门，因此安装的方法也都各不相同，不过有一些基本的地方还是一样的哦！下面的单元将会介绍如何安装这些模组，让你的"我的世界"更加漂亮、更加丰富哦！

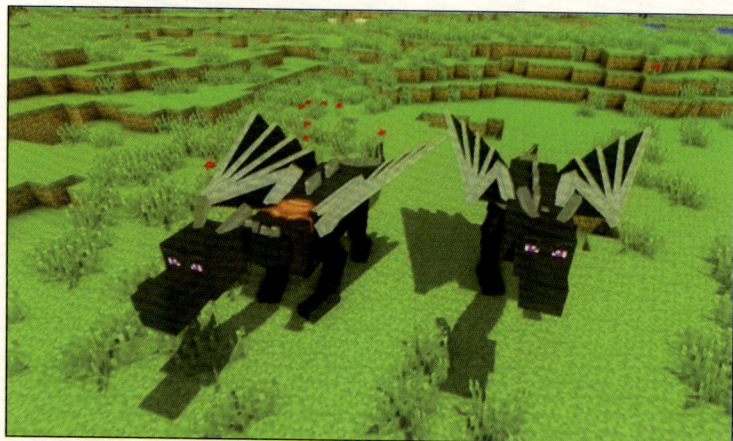

◀ 想要在"我的世界"中增加更多不一样的功能吗？

★STEP 1 确认安装条件

在找到想要安装的模组之后，首先要确认的就是安装条件。一般来说，安装是否成功最重要的条件就是Minecraft的版本了，通常Minecraft的版本都会标示在文章的标题上；其次就是需要事先安装主要模组。由于很多模组相当复杂，几乎都是根据修改主要模组而来，所以大部分模组在安装的时候，都必须先安装主要的模组。

Installation for 1.6.2 Client AND Server

1. Install the **Recommended 1.6.2** version of <u>Minecraft Forge</u>
2. Download <u>Flan's Mod 3.0.2 for Minecraft 1.6.2</u>
3. Place the downloaded .jar in the **mods** folder
   (On the client you can find the mods folder by opening Minecraft, going to the texture pack menu, pressing "Open Resource Pack Folder" and going up one level)
4. Get some <u>content packs</u>

▲ 英文网页请先寻找 "Installation" 字样，确认主要模组的种类。

导入方法【重要】
导入方法ですが、前提Modとして Minecraft Forge が必要となります。
（1.5.2に対応したForgeならおそらく問題は無いかと思われますが、何か不具合があった場合はコメントにてご報告をよろしくお願いします）
Forgeを導入したあとは、ModsフォルダにAttackOnTitanMod.zipを追加すれば導入完了です。

▲ 日文网页则是寻找 "导入方法" 字样，确认主要模组的种类。

主要模组

下面收集了几种比较常见的主要模组。需要注意的是，尽量不要同时安装两个以上的主要模组，否则很容易发生错误，而无法进行游戏。

另外，安装主要模组也需要注意Minecraft的版本问题。需要下载对应版本的模组，才可以正常运作哦！

MinecraftForge

▲ 下载网址：
http://tinyurl.com/a6cuc2f

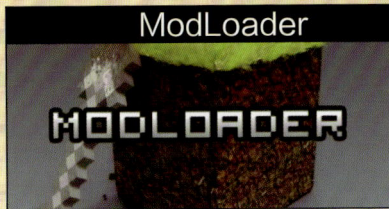

ModLoader

▲ 下载网址：
http://tinyurl.com/aokk32c

CodeChickenCore

▲ 下载网址：
http://tinyurl.com/mbp9x5g

AudioMod

▲ 下载网址：
http://tinyurl.com/lhtljhs

Player API

▲ 下载网址：
http://tinyurl.com/m4jorrt

ModloaderMP

▲ 下载网址：
http://tinyurl.com/kg2bq67

★STEP 2 打开Minecraft文件夹

接下来就要打开Minecraft的文件夹了。由于Minecraft会安装在使用者的账号之下，所以这里直接对桌面的Minecraft快捷方式点击鼠标右键，并且在右键选单中选择"属性"项目。

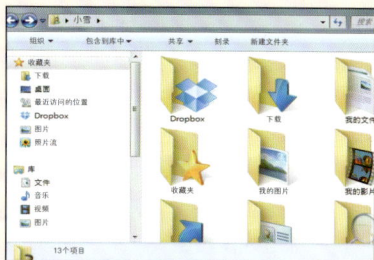

▲使用者文件夹中并不会显示AppData，所以直接点文件夹是找不到Minecraft的位置的。

▲对桌面的Minecraft图标点击右键后，选择"属性"项目。

★STEP 3 打开文件位置

接下来直接点击属性窗口上面的"打开文件位置"按键，就可以打开Minecraft的文件夹了。

▲也可以直接将"目标"栏中的地址贴到文件夹中，不过要记得删掉"exe"的部分，否则会变成开启Minecraft.exe哦!

▲点击"打开文件位置"按键之后，就可以直接打开Minecraft的文件夹。

打开Minecraft文件夹的方法

除了利用Minecraft的快捷方式来打开Minecraft文件夹之外，还有几个方法。如果使用上面的方法无法打开，可以利用下面介绍的方法来打开Minecraft文件夹。

▲ 还有很多方法能打开Minecraft文件夹。

★ 运行指令

Minecraft文件夹也可以使用"运行"来打开。在Windows 7版本运行指令并不会出现在"开始"菜单中，而是被归类到"附件"了。或者直接按下Windows键加R键，也可以弹出运行指令。

弹出后输入"%appdata%"后按确定，就能弹出"Roaming"文件夹，接着点进".minecraft"文件夹就可以了。

▲ 在桌面点击"开始"键后，在"搜索程序和文件"框中输入"运行"就可以找到。

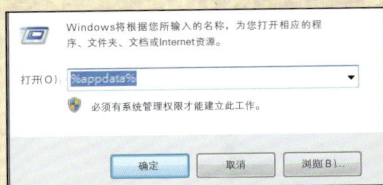

▲ 在执行指令中，输入"%appdata%"。

★ 文件夹

Windows 7的文件夹功能已经相当完备，所以要找Minecraft文件夹并不是什么难事。只要打开电脑中任何一个文件夹，然后在地址栏中输入"%appdata%"并按"Enter"键，就可以打开"Roaming"文件夹，接着点进".minecraft"文件夹即可。

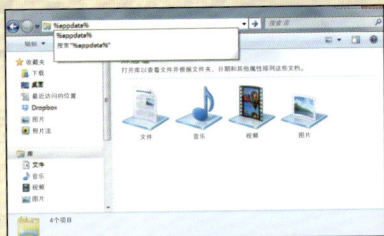

▲ 在文件夹的地址栏中输入"%appdata%"。

★STEP 4 bin文件夹

打开Minecraft文件夹之后，接着点进bin文件夹。由于模组的主要运行程序都是放在bin文件夹中，所以要更改，也需要打开bin文件夹。

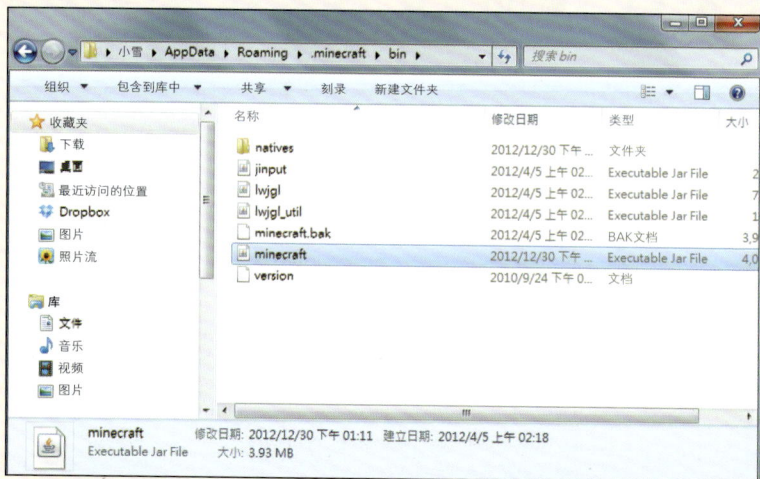

▲bin文件夹中有几个jar文档，而要修改的则是其中的minecraft.jar。

★STEP 5 更改打开方式

由于系统一开始的预设是由Java程序所打开的关系，所以即使点击也无法打开minecraft.jar。因此这里首先要把jar的打开方式变更为WinRAR之后，才有办法打开并对minecraft.jar进行修改。这里先对minecraft.jar点击鼠标右键，并且在选择"属性"项目后，点击"更改"键。

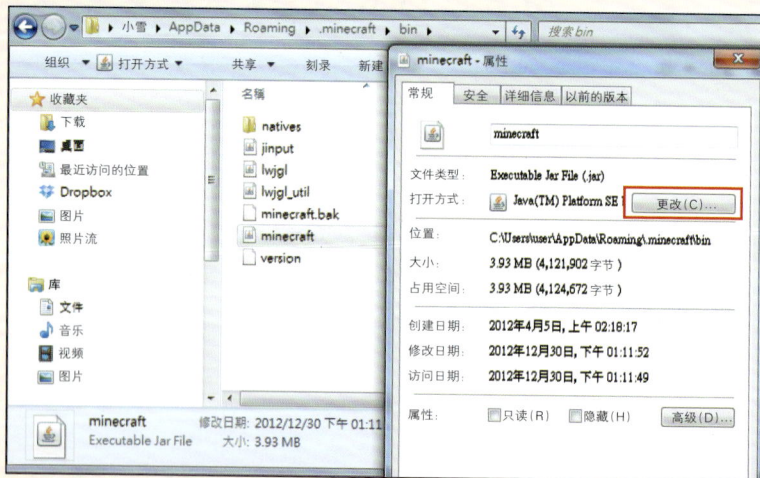

▲对minecraft.jar点击右键打开属性窗口，然后点击"打开方式"右侧的"更改"按键。

★STEP 6 选择打开方式

接着在更改打开方式的窗口中，指定WinRAR为打开jar文档的程序。选择完毕后按下"确定"键，回到bin文件夹之后就会发现，所有jar的显示图标全部都变成WinRAR的图标了。如果电脑中没有安装解压软件的话，可到"http://www.developershome.com/7-zip/"下载7-zip，这个步骤也可以改用7-zip来打开minecraft.jar。

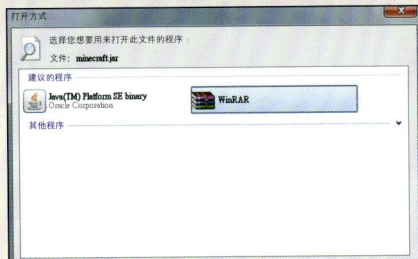

▲把jar文档的打开程序指定为WinRAR，然后点击窗口下方的"确定"键。

▲回到bin文件夹之后，jar文档全部都变为WinRAR压缩文件了。

★STEP 7 备份minecraft.jar

到目前为止，安装准备工作就算完成了。不过对于模组而言，与其说是"安装"，不如说是"修改"。因为安装之后，并非按一下"移除模组"就可以将整个程序还原，所以这里最好先将minecraft.jar备份。

而后面依照模组的不同，如果更改到其他部分，建议也都事先做好备份。

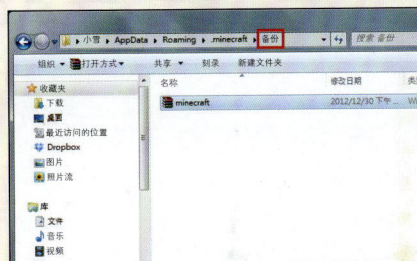

▲先将minecraft.jar做好备份，事后要移除模组，就不用再次下载并且更新minecraft主程序了。

★STEP 8 打开minecraft.jar

直接打开minecraft.jar。只要对minecraft.jar双击，就会以WinRAR文件打开minecraft.jar了。在打开minecraft.jar之后就会发现，在其中，还藏有其他文件夹及文档呢！

▲minecraft.jar中，有许多文件夹和文档。

★STEP 9 打开主要模组

接着就是下载主要模组了，由于模组也都是压缩成jar文档或是ZIP文档，所以双击所下载的模组后，也会以WinRAR文件的形式来打开。

▲下载的模组为jar文档，点击后也会以WinRAR文档的形式打开。

★STEP 10 选择所有文档

打开主要模组的档案之后，由于内含的所有文件夹与文档都是修改模组所必需的，所以这里先全部选择。

▲把下载的jar文档内所有东西全部选取。

★STEP 11 拖拽所有文档

接下来把所选取的东西直接拖拽到minecraft.jar中，等待主要模组的安装完成。要注意的是，这个过程完全没有解压的动作，拖拽的过程都是在WinRAR窗口中完成的。

▲把下载的模组内所有东西，全部拖拽到minecraft.jar内。

★STEP 12 安装模组

主要模组安装后，接着要安装各自的功能模组。模组的内容五花八门，所以会有很多安装方法。前面曾提到过，安装模组其实是对游戏的修改，而模组的内容有可能是增加新的道具、增加新的内容、增加新的音效，甚至是增加新的地形或是怪物等。管辖这些功能的部分分散在minecraft文件夹的各处，所以需要修改的部分也有可能分散在minecraft文件夹的各处。因此在安装各模组的时候，更需要仔细阅读模组的安装方法，特别是开发者提供的方法。接下来就列举几种主要模组的安装方法和注意事项。

MINECRAFT是最好玩的游戏，网易新闻客户端有最时鲜的新闻

安装在mods

大部分的模组，几乎都是把下载到的jar文档丢到".Minecraft"的mods文件夹即可。要注意的是，这里是直接使用文件夹打开，而不是使用WinRAR打开！

▲把下载到的jar文档复制到mods文件夹中。

安装在coremods

第二种方法是安装在".Minecraft"的coremods文件夹中。如果找不到coremods文件夹的话，可以在安装完主要模组后，先启动一次Minecraft。

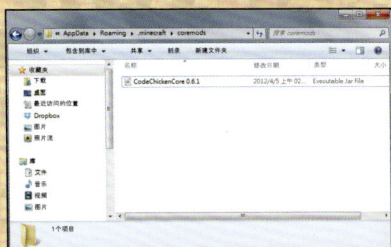

▲把下载的jar文档复制到coremods文件夹。

安装在minecraft.jar

第三种安装方法，就是利用WinRAR打开下载文档后，把内容全都拖拽到同样用WinRAR开启的minecraft.jar中。

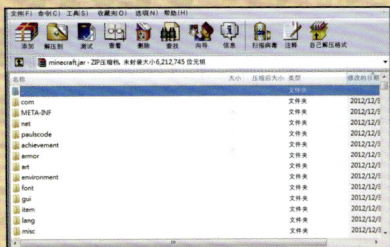

▲把下载文档的内容，利用WinRAR打开后，全都拖拽到minecraft.jar中。

★ 模组之间的冲突

安装模组的数量一定会越来越多，这是必然的。在重复覆盖及新增文档之下，各文档之间难免会因为程序冲突或是文档被覆盖而产生错误。发生错误的情形有很多，有时会是游戏中某个功能无法运作，所以根本无法打开游戏。当发生错误的时候，最好利用备份将Minecraft恢复到原来的模样，再一个一个安装每个模组，找出是哪些模组出现问题。

一些有趣的模组

进击的巨人

下载网址：http://tinyurl.com/m8cvawd
对应版本：1.5.2/1.6.2
主要模组：MinecraftForge

★ 安装方法

在Mods文件夹中，放入下载到的AttackOnTitanMod.zip。

弾に金床でエンチャントをし、GUIでセットしてGUIを閉じ、再度開いて取り出すとエンチャントが消えている
マルチプレイで信連弾を発射するとサーバーがクラッシュする
・既知のバグ【1.6.2】
これから発覚していく・・・

↓だうんろーどいずひあ(Download is here)↓
🄱 **AttackOnTitanMod1.5.2.0.0.2.zip**
(60.54 KiB) ダウンロード数: 9153 回

🄱 **AttackOnTitanMod1.6.2.0.0.11.zip**
(80.19 KiB) ダウンロード数: 3724 回

↑だうんろーどいずひあ(Download is here)↑

過去のバージョンは下のリンクから。
Google Driveに飛ぶので、新規タブから開くことを推奨します。
飛んだ先のRead Meは必ず読んでね☆
こちら

▲ 在网页中下载与自己使用版本对应的AttackOnTitanMod.zip。

★ 主要功能

1. 增加巨人。
2. 增加巨人掉落的道具。
3. 新增链甲系的防具合成表。
4. 新增信号弹的合成表。

▲ 从这个角度看巨人还真是巨大呢！

▲ 野生的巨人出现了！

▲ 一不小心就被巨人包围了。

玩过MINECRAFT之后才知道什么叫好玩，用过网易考拉海购之后才知道什么叫划算

学校泳装

下载网址：http://tinyurl.com/k9ftktu
对应版本：1.5.x/1.6.x
主要模组：MinecraftForge

★ 安装方法

将下载到的ZIP文档，放到Mods文件夹中。

表示／非表示

New Ver
1.6.x.003
1.5.x.007
Old Ver
1.6.x
1.6.x.002
1.6.x.001
1.5.x
1.5.x.006
1.5.x.005
1.5.x.004
1.5.x.002
1.5.x.001

▲ 点击页面中的Download即可下载ZIP文档。

★ 主要功能

1. 新增学校泳装。
2. 新增学校泳装相关矿物。
3. 新增学校泳装合成表。

▲ 来一张比较清凉的画面吧！

▲ 穿上学校泳装之后，有点不太雅观。

▲ 在"我的世界"的世界中，竟然也能制造出学校泳装呢！

龙坐骑

下载网址：http://tinyurl.com/kzsmr8d
对应版本：1.5.x/1.6.x
主要模组：MinecraftForge

★ 安装方法

将下载到的ZIP文档，放到Mods文件夹中。

- Increased dragon sound volume.
- Fixed server log spam when breeding dragon eggs.

Spoiler: [Show]

Download

Note: this mod is still in beta stage and has known and unknown bugs. I'm not responsible for the possible loss of dragon eggs due to bugs. Test this mod with care!

Minecraft 1.6.x (Forge only):
Dragon Mounts WIP v1.0.0 (direct link)

Minecraft 1.5.x (Forge only):
Dragon Mounts WIP v0.99.2 (direct link)

Old versions: List
Java source code: List

Note: you may distribute this mod on mod databases on your own under these conditions:

- State clearly that I made this mod. Don't play role games pretending you're me.

▲点击在页面中的Download即可下载ZIP文档。

★ 主要功能

1. 新增龙蛋。
2. 可驯服巨龙并骑乘。

▲安装模组后，就可乘着巨龙四处遨游哦！

▲骑在龙上面看到的风景相当不错！

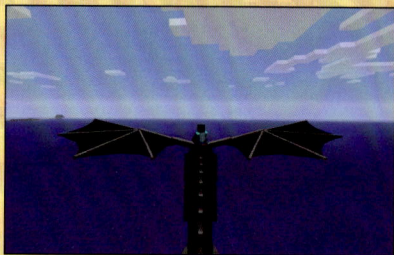

▲骑在终界龙上面的感觉不错哦！

游戏我玩MINECRAFT，学习我用网易云课堂

动物坐骑

下载网址：http://tinyurl.com/lgvqtbz
对应版本：1.6.2
主要模组：ModLoader

★ 安装方法

将下载到的animalbikes.ZIP，放到Mods文件夹中。

- Licensed under the Creative Commons BY-NC
- If you want to use it for a modpack, include a link to this thread
- People who do youtube videos on this mod, feel free to post them here

Downloads

Modloader AnimalBikes Download alternative

- Requires ModLoader, download here
- Or Forge download here
- Dont install both that gives problems

Older Versions
~~Bukkit for 1.2.5~~ download

Server Permissions

If you download MCPermissions you can deside who can use which bikes.

Current only permissions for using a bike

▲ 点击在页面中的Downloads即可下载。

★ 主要功能

能够骑乘"我的世界"中的动物。

▲ 连龙也可以骑乘哦！

▲ 晚上骑在蝙蝠身上就会启动夜视功能哦！

▲ 骑乘驯鹿跑的路径会飘下雪花哦！

直升机MOD

下载网址：http://tinyurl.com/lqnnnlf
对应版本：1.6.2
主要模组：MinecraftForge

★ 安装方法

将下载到的ZIP文档解压后，全部丢到mods文件夹中。

表示／非表示

■既知の問題

表示／非表示

添付ファイル

🕙 **MC1.6.2_mcheli_0.3.1.zip**
ヘリコプターが視界内にないと表示されない不具合対応
(2.46 MiB) ダウンロード数：128 回

🕙 **MC1.6.2_mcheli_0.3.0.zip**
ファイル構造を一新、いくつか物乗音追加、OBJ形式ファイルに対応、テキストファイルからヘリと武器の情報追加可能
(2.46 MiB) ダウンロード数：131 回

🕙 **MC1.6.2_mcheli_0.2.0.zip**
SH-60追加、対艦ミサイル、短魚雷、SNEB 68mm追加、ヘリの耐久値2倍、プレイヤーが乗ると1発でアイテム化
(2.62 MiB) ダウンロード数：1105 回

最後に編集したユーザー EMB4 [2013年9月23日(月) 00:59]、累計 22 回

Re: [1.6.2]MCヘリコプターMOD(2013/9/2)   (PostNo.12566)
🔲by ゲスト » 2013年9月02日(月) 12:29

軍事部の者です。使わせていただきました。かなり作りこんでいていいMODですね。時間があればテクスチャも作りたいとおもいます。た、だ、出したヘリの消し方が分かりませんでした。あとA-10に驚きました。

▲点击页面中的"添付ファイル"即可下载。

★ 主要功能

1. 增加各式直升机。
2. 增加机枪、巡航导弹等武器。

▲模组中有多种直升机可以选择哦！

▲坐在直升机里面后，画面上就出现了瞄准刻度。

▲搭乘直升机体验一下空战世界吧！

工业模组

下载网址：http://tinyurl.com/kxn6ohe
对应版本：1.6.2/1.5.2
主要模组：MinecraftForge

★ 安装方法

将下载到的jar文档，放到Mods文件夹中。

DOWNLOAD NOW

For 1.6.2

Industrial Craft 2 Mod

http://ic2api.player.to:8080/job/IC2_lf/

https://mega.co.nz/#!WdVyiLaD!NUwrsJGzRNSV1BGiQC5vkF45ISk5fmmRrJfA_VramZk

http://www.4shared.com/file/6lteiV55/Industrial-Craft-2-Mod-162_1.html?

API

http://www.dl.9minecraft.net/index.php?act=dl&id=1373492216

For 1.5.2

Industrial Craft 2 Mod

https://mega.co.nz/#!T5pHhL4L!KqumRTg8hvV5ngedd0tiMB8BbXlA5DxbesQgn3twIGU

API

http://www.dl.9minecraft.net/index.php?act=dl&id=1370688358

For 1.4.7/1.4.6

- JohnSmith Resource Pack
- DokuCraft Resource Pack
- SummerFields Resource Pack
- oCd Resource Pack
- R3D.CRAFT Resource Pack

Skins

- Movie Skins
- TV Skins
- Fantasy Skins
- Game Skins
- Mob Skins
- People Skins
- Girl Skins
- Other Skins

Maps

- PvP Maps
- Survival Maps
- Adventure Maps
- Minigame Maps
- Castle Maps
- City Maps
- Puzzle Maps

▲ 点击页面中的"DOWNLOAD NOW"下载。

★ 主要功能

新增各项工业化的道具与功能。

▲ 工业化后的挖矿规模果然庞大。

▲ 能盖出什么样的工厂呢？

▲ 让你的世界开始工业化吧！

暮光森林

下载网址：http://tinyurl.com/mvqnelf
对应版本：1.6.2
主要模组：MinecraftForge

★ 安装方法

将下载到的jar文档，放到Mods文件夹中。

Benimatic
Redstone Miner

Members
626 posts

Minecraft: Benimoto

Posted 19 August 2011 - 05:27 AM

Imagine stepping through a portal into a twilight realm, filled with trees as far as they eye can see. Breathtaking vistas and amazing discoveries await you around every corner. But beware! Not all denizens of the forest respond to your intrusion lightly.

★ POPULAR

The TWILIGHT FOREST

Updated September 8th to version 1.19.3. This version supports Minecraft 1.6.2. This version fixes some bugs, but is mostly a straight update to the most recent Minecraft version. 1.19.3 fixes some more bugs, and tries to ensure that players without a bed in the Twilight Forest respawn near their entry portal.

Download:

Download v1.19.3 (Adfly link) - universal mod package for Minecraft 1.6.2. Requires Minecraft Forge 9.10.0.804 or higher. Uploaded 9/8/13

Old Versions:
Spoiler: Show

Change Log:

▲点击 "Download" 即可下载。点击 "Old Versions" 则可下载旧版本。

★ 主要功能

创造一个以森林为主的生物系，并且新增大量的怪物。

▲暮光森林模组可以创造出充满神秘的世界。

▲模组中有多种"地牢"地图，图中为死灵之塔，里面有许多怪物等玩家前去挑战！

▲生物系中也有冰河以及企鹅。

MINECRAFT是最好玩的游戏，网易新闻客户端有最时鲜的新闻

Chapter 3
红石线路大解密

在Minecraft世界中有种可以产生能量的特殊矿物"红石"，它的取得方法与一般矿物一样，需要通过开采来获得。而红石矿通常在洞穴深处才可发现，极为稀少，想要开采红石矿，需要有铁镐或更高级的工具才可以。在游戏中跟红石有关的机关种类非常多，制作方法也都不同。在本章节之中将会带领读者们了解红石的相关知识，即使是第一次接触Minecraft的玩家们也可以轻轻松松制作自己的红石机关哦！

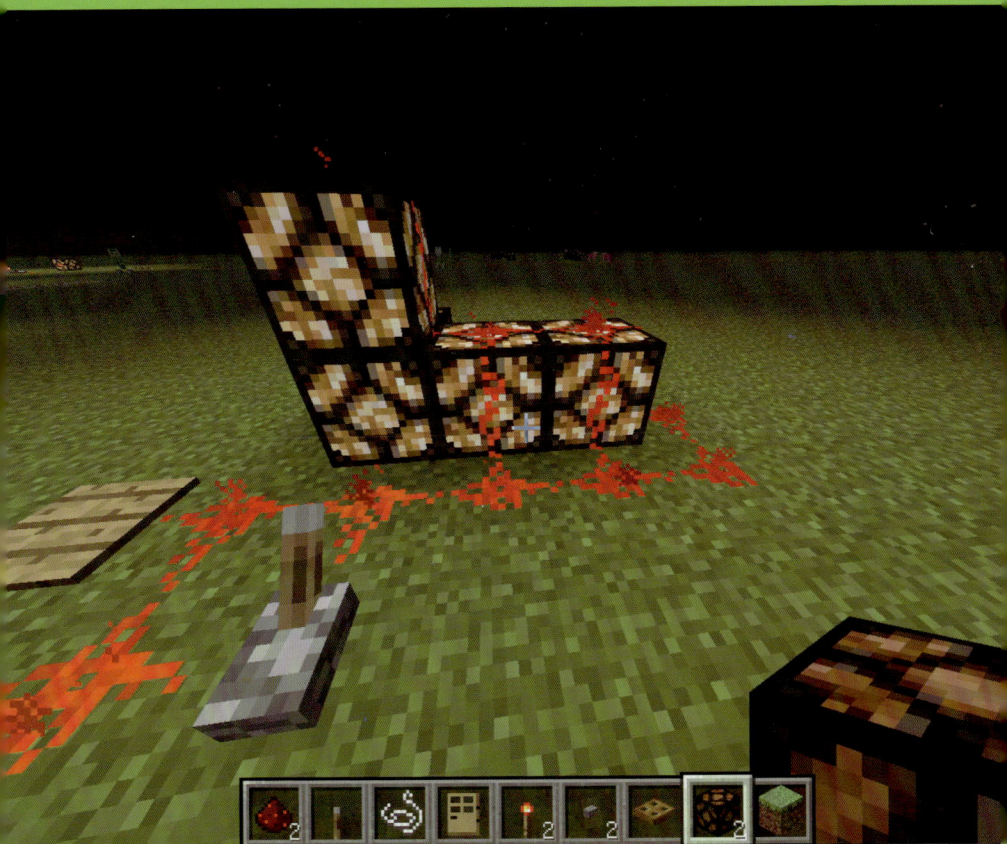

彻底解析红石线路

红石系统介绍

在Minecraft世界里，除了一般的盖房子、生存之外，最大的特色就是有"红石"这种可以产生能量的特殊矿物。红石的取得与一般矿物一样，需要通过开采来获得，而红石矿通常在洞穴深处才可发现，是一种极为稀少的矿藏，想要开采红石矿需要有铁镐或更高级的工具。

▲ 红石矿物在游戏中极为珍贵，在做红石线路或机关时都要用到。

▲ 游戏内的红石道具非常多，可以通过这些道具组合成各式各样有趣的机关。

红石线路介绍

开采完的红石，最基本的功用就是用来铺设红石线路。红石线路是一种可铺在地上的能源管道，有点像现实世界中的电线，而每铺设一格红石线路都要耗费一份红石。红石在铺设时会自动依照铺设的方向转弯延伸，能够在高低不同的地形铺设，但是一般红石线路在传递能量时会随着线路长度而使能量衰减，当红石线路超过15格以上后就会完全失去能量，得搭配其他的物件，如红石中继器来扩大信号。

▲ 红石线路的铺设可依每个人喜好调整，但线路越长能量越弱。

▲ 红石线路的铺设也是一门学问，因为不能够直接沿着墙一直往上走，一定要一格格上去才行。

玩过MINECRAFT之后才知道什么叫好玩，用过网易考拉海购之后才知道什么叫划算

★ 红石能量的供应方法

接下来的重点就是如何供应能量到红石线路。在游戏中有很多种供应能量的方法，最简单的就是制作红石火把或者是控制杆、压力板之类的简单物件，再将这些物件放置在红石线路周围并启动！

▲ 游戏中有很多种供应能量用的红石机关，要用哪种全由玩家决定。

★ 利用能量启动机关

当你建好红石线路以及红石能量供应装置之后，接下来就可以通过红石线路来架设各种有趣的机关，比如最基本的红石灯，只要持续供应能量就可让红石灯发亮，让你的建筑物也能保持在明亮状态下哦！

▲ 红石灯是新手最好上手的红石装置，当然，游戏中也还有其他各种机关。

红石元件功能、合成方法介绍

游戏中有很多红石相关的元件，有些是用来传递或供给能量的，有些是在接收到能量后会触发特定动作的机关，而每一元件的功能用法都不同。在本节中将会列出目前游戏中的一些红石元件以及元件特性、合成方法供玩家参考。

★ 能量供应与传输元件

红石
● 合成材料：无

合成图示：（挖红石矿获得）

一切红石元件的基本材料

红石是所有红石元件的基础材料，可用于铺设在地上传递能量，同时也可以用来与其他材料合成以产生新道具。

元件外观

红石火把

●合成材料：红石x1、木棒x1

基础能量产生装置

红石火把是能量提供装置，可使周围1格内的线路或机关都获得能量。当红石火把接收到其他装置产生的能量时会熄灭，所以可以用来实际制作游戏中的逻辑回路。

元件外观

红石砖

●合成材料：红石x9

永久性能量砖

红石砖可供应能量给周围1格内的线路或装置。它不但可以永久产生能量，同时本身也具有砖块的特性，所以也可以放线路或者是火把到上面。

元件外观

按钮

●合成材料：木材x1或石头x1

短暂能量供应

木材和石头两种按钮的功能是相同的，差别只在于材料和外观。按钮只能装设在墙壁上，无法放到地面，功能是按下后会供应能量给周围1格的线路或装置，不久就会弹开，恢复未供应能量状态。

元件外观

游戏我玩MINECRAFT，学习我用网易云课堂

控制杆

●合成材料：木棒x1、鹅卵石x1

触发式永久能量供应

　　控制杆跟我们日常看到的电灯开关一样，分开启、关闭这两种状态，而在开启状态下会永久供应能量给周围1格内的其他线路或装置。控制杆可装设在墙上，也可装置在地面上。

元件外观

压力板

●合成材料：石头x2或木材x2

受压力情形下才供应能量

　　压力板是一种只能铺设在地面上的能量产生装置，当压力板上方有物体施加压力时就可产生能量到周围一格内的线路或装置。压力板与按钮一样分为木制压力板和石制压力板，但两种压力板除了材料外观上不同以外，触发条件也有些差别。木制压力板的压力感应很小，只要上方有物体或道具就可触发，而石制压力板则会需要比较大的压力，一般只有物体站上去后才可触发。

元件外观

红石比较器

● 合成材料：红石火把x3、地狱石英x1、石头x3

多种输入口对应一个输出口

　　红石比较器本身有"三个输入端"及"一个输出端"，这跟之前的红石中继器有很大分别。红石比较器最主要输入端在右图的A点，也就是两个火把之间，至于B点及C点则是用来"比较信号"用的输入端。至于D点，则是输出能量的位置。

元件外观

可筛选能量

　　红石比较器设计成这样是有其用处的，最主要的就是比较能量强弱后决定要不要输出能量。如果比较器的前方及侧面都有能量输入，就会比较两边的能量大小；如果前方能量较强，就会输出能量到后方；而如果侧面较强，那后方就不会有能量出现。

▲ 这个元件因为具有判断电流强弱的功能，在设计时可以当成 if 的逻辑程序。

可调节能量大小

　　比较器本身有一个开关，即后方的红石火把。当此开关是"关闭"状态时，输出的能量是最强的。此开关是"开启"状态时，就会比较主要能量和侧面能量的能量差，据此来决定输出的能量。假设主要能量流入14格、侧面能量流入10格，最后就会用14减去10，也就是输出4格的能量。

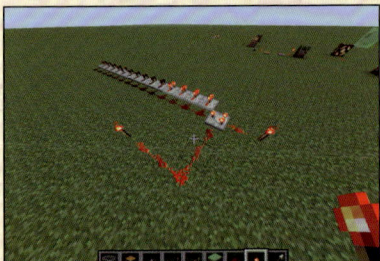

▲ 依照两侧的能量差，可以借此元件控制最后输出的能量大小。

可搭配容器增加能量

最后一个功能就是可搭配储藏容器来触发能量，当红石比较器的正面有储藏容器如箱子、漏斗、矿车或者是熔炉这些东西，而容器内又装有东西时，红石比较器就会输出能量到输出端线路。前方容器内装的东西越多，后方输出的能量也越强！

▲ 在容器内的东西越多，输出的能量就会越大。

红石中继器

●合成材料：红石火把x2、红石x1、石头x3

可增加能量的传输器

红石中继器底座有线路及火把的那一侧是"接收端"，而另外一侧只有红石火把处则是"传送端"。它在游戏中有两个功能，一是接收并增加能量后传递出去，通过红石中继器传递的能量将会变成最大值，即传递15格之后才会失去能量。

元件外观

可调节能量速度

第二个功能是调整传递能量的速度。游戏中传递能量的速度极快，而红石中继器可通过调整中继器上两个红石火把的间距，来改变传递能量的速度。

▲ 火把的距离越大，能量传递速度也就会越快。

感重压力板

●合成材料：金锭x2或铁锭x2

只受道具影响的能量供应器

　　感重压力板的原理与压力板很类似，都是铺设在地面上产生能量的装置。感重压力板只能通过"掉落道具"来触发，其他物体站在上方是不会触发的。感重压力板分为"轻"和"重"两种，两种的差异除了制作材料以及外观之外，还有一个重点就是感重压力板（轻）会依照道具的数量增加而供应更多能量，丢一个道具与丢一叠道具产生的能量是不同的。而感重压力板（重）即使丢一大叠道具上去，也只产生少许能量。

元件外观

陷阱储物箱

●合成材料：绊线钩x1、箱子x1

具储物功能的能量供应器

　　陷阱储物箱是一种具备能量供应装置以及储物功能的箱子，平时没人打开时不会供应能量，有人打开箱子会供应能量到周围的线路或装置上。同时打开箱子的人越多，箱子供应的能量也越强。

元件外观

绊线钩

●合成材料：铁锭x1、木棒x1、木材x1

隐藏式触发能量供应器

　　绊线钩是一种很特殊的能量供应装置，只能装设在墙上，装设后要在相对应位置、相对应距离内的另一端架设另一个绊线钩，两者都架设好后还要在中央铺设线，才能算一个完整的装置。绊线钩的功用是当有物体从绊线上穿越之后，两侧绊线钩旁1格内的线路或装置会获得能量，通常可用来当作触发陷阱用的机关。

元件外观

阳光感测器

●合成材料：玻璃x3、地狱石英x3、木制半砖x3

依日光强弱供应能量

　　阳光感测器只能铺设在地面上，它会自动于白天时供应能量给周围1格内的线路或装置。至于供应能量的强弱则看阳光的强弱，如果处于正午时可供应很强的能量，但日出日落时则只会供应微弱的能量。在使用阳光感测器时要注意，如果将其铺设在"接收不到阳光"的区域就不会触发。

元件外观

★红石能量接收端触发元件

门

● 合成材料：木材x6或铁锭x6

可受能量控制开关的基本门

　　门在游戏中是最简易的红石能量测试元件，分为木门和铁门两种，不管是哪一种都可以接收红石能量做出开门或关门的反应。只要红石能量流入门旁边的方块就可以使门自动打开，而红石能量消失之后，门就会自动关闭。可从门的开合来判断电流走向。

元件外观

地板门

● 合成材料：木材x6

装设在地面上，能量流入时即会自动打开

　　地板门只能用木材建造，而安装时也只能装在地面上。当红石能量流入地板门周围的方块时，门就会自动打开，如果门上有物体或道具就会自动落下，而当能量消失时门会自动关闭。

元件外观

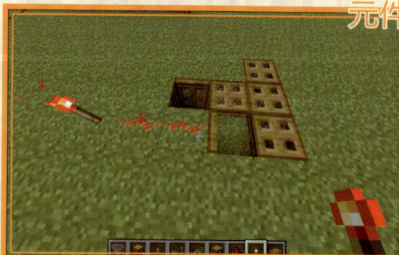

栅栏门

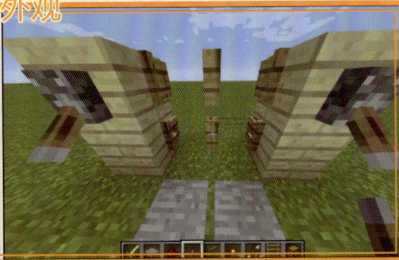

●合成材料：木棒x4、木材x2

比一般门更加轻便，但仍保有门系物件特性

栅栏门基本上还是门形机关的一种，所以也跟其他的门有相同的特性，只要红石能量流入就会产生开门动作，红石能量消失就会自动关闭。栅栏门的优点在于只占一格方块，因此可以设置多组栅栏门对应不同的能量线路来制作复合机关门。

元件外观

活塞

●合成材料：木材x3、鹅卵石x4、铁锭x1、红石x1

触发后可推动物品的装置

活塞是一种方块形的机关，可布置于地面上。活塞的主要功能是在接收到能量时，有木板那一侧会将前方的东西推开1格，最多可推开12个连接在一起的东西。当活塞接收的能量消失时会自动收回。活塞的用途相当广泛，比如用来制作隐藏的机关门。

元件外观

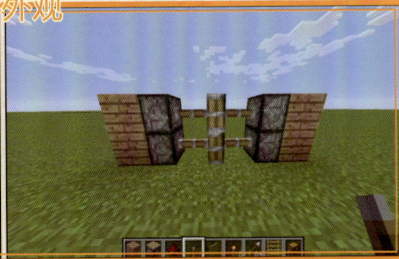

黏性活塞

●合成材料：史莱姆球x1、活塞x1

拥有推出、拉回两种机能的活塞装置

黏性活塞跟活塞的功用很相似，不同的地方是如果黏性活塞推动的是"方块"类物件，在能量消失机关收回来时，还会把它给拉回来，而一般活塞就没有这种功能。可利用黏性活塞的这种特性，来制作像电梯、闸门之类的装置。

元件外观

投掷器

●合成材料：鹅卵石x7、红石x1

接收能量后可将道具投掷出的容器

投掷器是一种附加投掷功能的容器。此容器内部有9格空间可储藏道具。方块的正面脸状的地方是投掷器掷出口，当投掷器接收到红石能量时，会随机掷出在投掷器内的一个道具。投掷器最主要的功能是可以搭配连闪器来连续投掷。被投掷器丢出的道具可通过漏斗接收并传送到其他容器，用此方法就能实现物品传送的功能。

元件外观

游戏我玩MINECRAFT，学习我用网易云课堂

发射器

●合成材料：鹅卵石x7、红石x1、弓x1

接收能量后可将道具发射出的容器

发射器与投掷器在功能上有很多类似之处，都是可用来收藏东西的容器，并且会在接收到红石能量时产生反应。不同的地方在于，发射器丢出的道具是"使用"状态，比如将箭矢放进投掷器的话只会单纯将箭矢投到地上，但放到发射器中射出后会对经过的人造成伤害。

元件外观

音阶箱

●合成材料：鹅木材x8、红石x1

可产生特殊音阶的道具

音阶箱会发出声音，总共有24个音阶，在音阶箱上按右键可调整音阶。当红石能量流入音阶箱时会使音阶箱发出"现在音阶"的声音一次，当红石能量消失时则不做任何反应。音阶箱可搭配连闪器连续发出声音，也可以接上多个音阶箱来制作小音乐。

元件外观

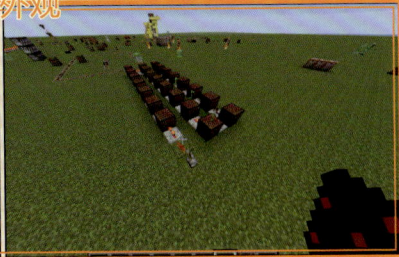

红石灯

●合成材料：红石x4、荧光石x1

接收能量后将产生光芒的砖块

　　红石灯是一个很常见的红石机关，在接收到红石能量后会发出跟荧光石一样亮度的光芒，而当红石能量消失时则不再发出光芒。通过

红石灯可制作在室内使用的开关式日光灯等机关。另外红石灯也有方块的功能，可在上面铺设红石线路。

元件外观

TNT炸药

●合成材料：火药x5、沙x4

危险的爆破装置

　　TNT炸药会产生极剧烈的爆炸，只要有红石能量流入TNT炸药就会点燃引信，过几秒后就会爆炸

并摧毁周围的地形以及杀伤周围的怪物与人。要阻止TNT爆炸只能趁炸药未爆前拆掉。

元件外观

漏斗

●合成材料：铁锭x5、箱子x1

接收、传递物品到其他容器的装置

漏斗可以放在其他容器上方或旁边将两个容器连接起来，连接之后，漏斗内的东西会自动被传送到其他容器内（如箱子、货车之类都可）。比较特殊的是，当有红石能量流入的时候，漏斗将"只能储藏东西"，而不再具有传递物品的特性。

元件外观

指令方块

●合成材料：无

合成图示：只能用创造模式并输入"/Give <玩家名称> 137"这段指令来取得

接收能量后触发游戏指令的万用方块

指令方块的功能在游戏中可说是极为强大，以至取得方式也非常特别。放下它后按右键可以输入特定指令，如最基本的更改玩家状态、更改时间地点等功能。而此指令方块也可以被红石能量触发，在输入完指令并铺上线路后，当红石能量流入时就会触发该指令。

元件外观

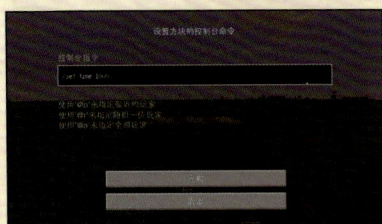

▲有如GM般功能强大的元件，竟然可以直接输入指令改变玩家状态！

红石电路逻辑闸教学

红石系统除了道具各自的功能外，在游戏中，由于各红石元件传输能量的特性不同，因此可做成各种不同的逻辑闸。比如说，要两边同时都拉下控制杆后才会触发机关的逻辑闸，或者是按下后才停止输出能量的逻辑闸等。在上逻辑课程之前，先让我们认识一下本节中会用到的一些图案符号及代表的意义吧！

图示	代表元件	图示	代表元件
	控制杆		放置在方块上的红石火把
	任一种方块		铺设在地面上的红石线路
	放置在地面上的红石火把		铺设在方块上的红石线路
	挂在墙上的红石火把		有能量输出的线路

另外在以下的逻辑闸教学中会常出现逻辑表格，表格中的"1"就代表"有电流"的意思，"0"则代表"没电流"的意思。（箭头是指输入端各种电流状态经过闸子到输出端时，在输出端的各种情况。）

NOT闸

输入端		输出端
1	→	0
0	→	1

NOT闸的概念是，没触发前头开关时会供应能量到末端线路，而当触发前头开关后就会停止供应能量。要组装一个最基本的NOT闸需要用到1根红石火把，因为红石火把有接收到红石能量时停止供应的特征。逻辑闸的实际制作图如下图所示。

NOT Gate(Inverter)

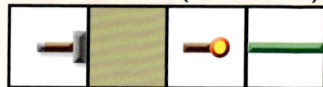

★NOT闸实际制作注意事项

实际制作上只要像上面逻辑表示图那样，一侧将红石火把挂在墙上，另一侧再接上一个控制杆，然后在火把后铺设红石线路，这样控制杆没拉下时会供给能量到线路，而拉下控制杆后则红石火把就会熄灭，也就切断了后方线路的能量供给。补充一点，在制作NOT闸时一定要利用方块的高低差才能产生效果，如果在一般平面上放火把、旁边接线路，是不会产生NOT闸的效果哦！

▲NOT闸又称反向闸，主要是将输出信号反转用的。

▲在一般平面上装火把、铺线路不会使火把熄灭，就不能做NOT闸了。

OR闸

输入端1	输入端2		输出端
1	0	→	1
0	0	→	0
1	1	→	1
0	1	→	1

OR闸的概念是，同一条回路上可能有多个触发能量供应的机关，比如同时有多个控制杆或按钮，而只要触发其中一个机关，就会供应能量给整个红石线路。逻辑闸的实际制作图如右图所示。

OR Gate

★OR闸实际制作注意事项

实际制作OR闸的方式有很多种，而最简单的就是在一条线路上同时摆很多个触发开关，比如一个方块后面接上线路，两侧挂上控制杆跟按钮，上方再放上阳光感测器，这样就至少有4种供应能量方式了。

▲OR闸的特性就是多开关中只要有一个闸开启就有能量了，很好设计。

NOR闸

输入端1	输入端2		输出端
0	0	→	1
1	0	→	0
0	1	→	0
1	1	→	0

NOR闸的概念跟OR闸正好相反，以OR闸来说，只要有一个机关触发就会供应能量出去，而NOR闸则需要"完全没有"机关触发才会供应能量，任何一个机关被触发就会停止供应能量。NOR闸的实际制作图如右图所示。

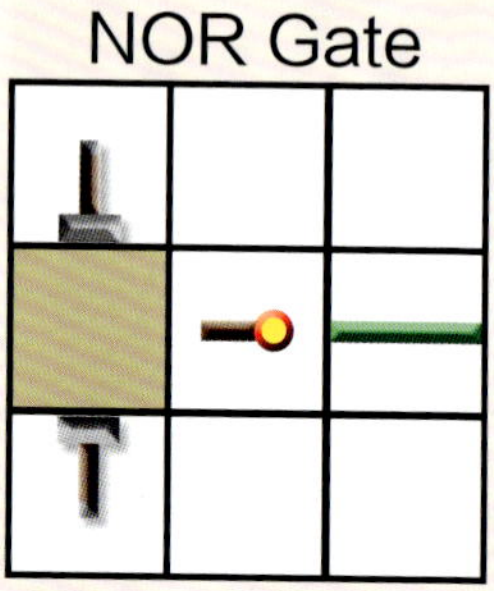

NOR Gate

★NOR闸实际制作注意事项

实际制作NOR闸有很多方法，比较简单的方法就是利用红石火把的特性，在一个方块的其他侧加上能量供应机关，在输出端先放上壁挂式的红石火把，接着再铺设线路，只要任一机关被触发，红石火把会自动熄灭。

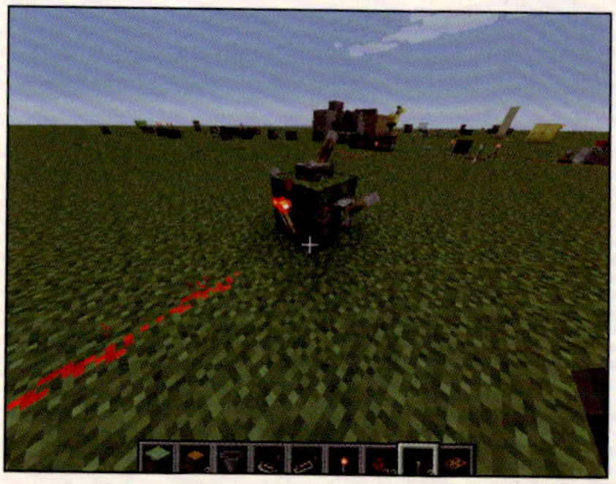

▲NOR闸一定要完全没有触发机关时才会有能量，可设计在解谜地图上。

AND闸

输入端1	输入端2	输出端
0	0	0
1	0	0
0	1	0
1	1	1

AND闸的概念跟OR闸很类似，都是在同一条回路上装上多个触发能量供应的机关，但供给能量的条件更加严格，只有在所有机关同时被触发的时候才会产生能量到红石电路上。AND闸的实际制作图如下页图所示。

AND Gate

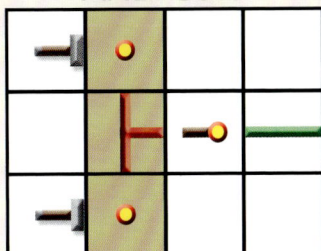

▲设计AND闸时也可以采用做两个NOT闸最后把线路连在一起的方式。

★AND闸实际制作注意事项

实际制作AND闸最简单的方式就是在两边的侧面放上控制杆，接着在上方加上红石火把，而中间方块则加上一条红石线路，接着再到中间方块的侧面挂上红石火把，最后再铺设红石线路。如此一来，当两边的控制杆都被拉下后，中央壁挂的红石火把才会被点亮并供应能量。

▲AND闸要同时开启才能有信号输出，因此需要用到红石火把特性。

NAND闸

输入端1	输入端2		输出端
0	0	→	1
1	0	→	1
0	1	→	1
1	1	→	0

NAND闸是AND闸的相反版本，从输出结果看跟OR闸很像，但是其实有很大的差别。NAND闸在回路中有复数开关，只要有一个开关是属于"关闭"状态，输出端的线路就会保持有能量供应的状态。NAND闸的实际制作图如右图所示。

NAND Gate

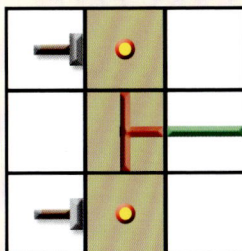

★NAND闸实际制作注意事项

实际制作NAND闸，最简单的方法就是把AND闸拿来改造，只要在两侧方块装上控制杆跟火把，中央方块铺上红石线路延伸出去就好（跟AND闸的差异在于中央方块不需要再装一根火把来判断是否有能量进入）。

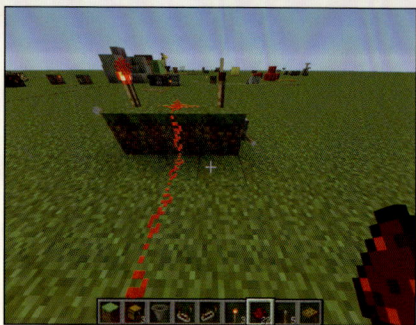

▲NAND闸在设计上是AND闸的简易版，只要中央方块不放火把就好。

XOR闸

输入端1	输出端2		输入端
0	0	→	0
1	0	→	1
0	1	→	1
1	1	→	0

XOR闸是一个对新手来说比较难以理解的逻辑闸。简单说这个逻辑闸就是当回路上有多个开关时，只要有一个开关开启就会输出能量到线路上，但当所有开关都开启时则会停止供应能量。XOR闸的实际制作图如右图所示。

XOR Gate

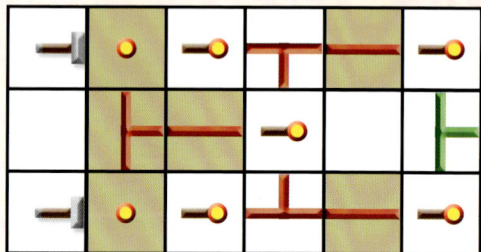

★XOR闸实际制作注意事项

以右上的实际制作图为例，最左侧方块组上方的红石火把控制凸出处的壁挂式红石火把能量的开关，而左侧上、下方块的壁挂式火把也同时控制上方或下方在地面线路、凸出处的火把能量。最后再用NOT闸的原理，便会出现只开一个开关时才会有能量供应到末端线路上的情形。

▲XOR的回路较为复杂，不过基本上就是数个逻辑闸的整合应用。

XNOR闸

输入端	输出端	输入端
0	0	1
1	0	0
0	1	0
1	1	1

XNOR闸是XOR闸的相反版本。简单地说，此逻辑闸就是当一个回路上有多个开关时，只有在所有开关都开启或者是关闭的状态下，才会有能量供应到线路输出端上，而只要在回路上有一个开关处于开启状态，那么线路输出端的能量供应就会中断。XNOR闸的实际制作图如下图所示。

XNOR Gate

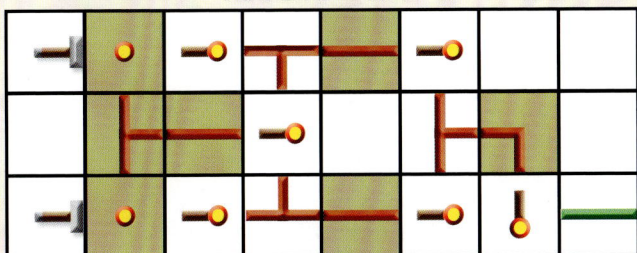

★XNOR闸实际制作注意事项

由于在概念上来说，XNOR闸的主要运作方式跟XOR闸完全相反，它只有在全无输入或者全有输入时才有能量输出，所以实际制作XNOR闸最简单的方法就是将XOR闸的末端再放一个NOT闸来反转末端的能量供应。上方的实际制作图就是如此，在末端加上一个方块以及红石线路，最后再补上壁挂式火把并铺上新红石线路，就形成一个XNOR闸了！

▲设计XNOR闸时，最重要的是利用火把特性，只要火把位置摆对、线路接好就OK了。

▲XNOR设计时出问题，大多都是XOR闸某个环节有错，回去修正一下XOR闸就好了。

高级红石电路设计

逻辑闸实际制作可说是红石系统里最有趣的一个玩法，但相对的也非常需要花心思来安排前面单元所介绍的一些较为基本的逻辑闸。其实游戏中可以实际制作的逻辑闸数量非常多，像是闩锁器（Latch回路）、正反器（Flip-flop回路）等，但基础的概念仍然是来自以上几个基本逻辑闸。以NOR闩锁器来说，其概念就是用到了多个NOT闸来制作出两个输出端中一边开启、另一边就会关闭的特质。这个回路的概念虽然简单，但是对于新手来说，如果基础没打好，很可能在设计NOR闩锁器时出现两边输出端同时有能量的情形。因此，建议新手们对于基础逻辑闸的作法一定要实际做过几遍，熟悉各逻辑闸的概念才行！

▲ 很多看起来复杂的回路其实都只是逻辑闸组合起来应用而已。

★ 红石系统设计结语

Minecraft的红石系统是很自由、可发挥个人创意的系统，所以，虽然逻辑闸是一个帮助设计的好工具，但在设计红石机关时最重要的是感受到设计的快乐，而不是为了逻辑闸而去设计红石机关哦！毕竟逻辑闸本身是一个看起来十分复杂的东西，也因此建议读者们在玩红石时可以先想好你想做的机关、想要呈现的方式，接着从小地方慢慢设计，就能够一边学习相关逻辑知识一边制作机关了。举例来说，如果想要设计一个平时是关闭但同时按下开关后会开启的隐藏门，就可以利用好几个黏性活塞再配上NAND逻辑闸，让黏性活塞平时推开方块把通路堵住，而开关全按下后则方块会缩回来，制作出一个隐藏通路，而如果想要再复杂一点，可以在隐藏门打开后配合红石中继器的特性，制作在一定时间内不通过就会被乱箭射死的陷阱哦！

▲ 每完成一个红石机关，可以再多想想怎么改进，比如增加时间限制型的射箭，会有更多乐趣哦！

Chapter 4
关键结构建筑学

看到网络上别人所分享的漂亮又壮观的建筑时，心里会不会也相当羡慕呢？想要盖出跟别人一样富丽堂皇的建筑，却不知道怎么盖吗？没关系，这个单元将会从平面图开始，一直到立体建筑中的各种基础形状的建筑方法，详细地把每个步骤都做清楚的介绍。只要确实学会这些建筑的基础，并且加以活用，你也可以盖出美轮美奂的建筑哦！

从2D到3D循序渐进的拼法

本单元会从2D拼图开始，逐步介绍这些建筑的关键结构是怎么拼出来的。大家打好基础后进一步融会贯通，相信未来的建筑大师就是你喔！

▲在"我的世界"中可以盖出哪些令人意想不到的建筑呢？

如何拼出平面图

首先来介绍平面图的拼法吧！在网络上常常看到有玩家利用"我的世界"的方块拼出一张漂亮的图，你是不是也想自己拼出漂亮的平面图呢？废话少说，就让我们直接介绍怎么拼出一张漂亮的平面图吧！

■ 双色平面图的拼法

想要拼出平面图，一开始当然就是先从黑白双色的平面图开始，这里先用简单的双色平面图来熟悉怎么拼出一张完整的平面图吧！

▲先从简单的黑白双色的平面图开始！

★STEP 1 准备原图

首先要准备一张只有线条的原图，并且将原图的大小调到需要的大小。要注意的是图片中的每个像素在"我的世界"里面都代表着一个方块，也就是说如果准备的是800x600的图片，在"我的世界"中就要拼出面积为800x600的平面图。所以如果准备的

原图太大的话，就需要利用绘图软件把图片缩小喽！如果没有绘图软件，也可以使用每一台Windows都有的"画图"来将图片缩小。要拼多大面积的平面图可以视自己的能力而定，拼出来的图跟解析度一样，拼的面积越大，图片就会越清晰，但是也会越累哦！

▶原图是320x540大小的图，这里先缩小为32x54的大小。

◀缩小之后会模糊，线条的颜色会变淡。

★STEP 2 整理线条

图片在缩小之后会变得特别模糊，这个时候就要来整理一下线条了。在整理的时候，只须把黑线确实画出来，其他格子都用白色填满。如果遇到斜线不知道要把黑色画在哪一格的时候，以哪一格的灰色比较深来判断即可。

◀大致用黑色将轮廓画出来，不用怕画错，全部画完后再调整即可。

视情况调整线条

人物手上的布偶因为缩小的关系，眼睛与嘴巴全都连成一条线，这里为了让画面易于辨识，删除嘴巴的部分，只保留眼睛的两点。

▶如果直接把眼睛与嘴巴都画上去，就看不出来是什么了。

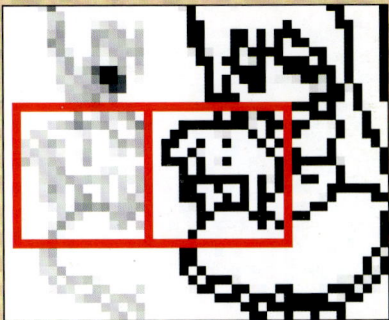

★STEP 3 在游戏中整地

接下来进入游戏中，整理出一片足够拼图的平面。首先拼出长与宽，以便掌握平面图的大小。然后在距离一定格数的格子内埋入同一种方块做记号，以利于后面排列的作业。如果情况不允许往下挖，也可以利用特容易拆掉的火把来做记号。

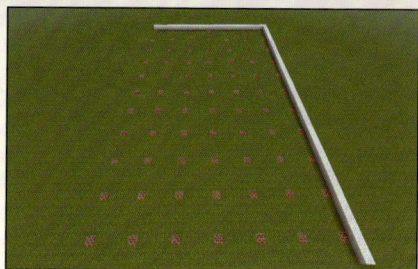

▲每隔固定距离就埋入同一种方块做记号，这里的范例是每5格埋一块砖块。

★STEP 4 排列出黑线

再来就是以一定格数为单位，一区一区排列出来。这里以每5x5格的方块为单位来排列。每排列完一区之后，

可以用自己的方式在原图上做记号，来记录目前排列到哪个部分。

▲把每一区块都依序排列出来，就可以约略看出轮廓了。

◀笔者使用的记录方法是每排列完一个区域，就在原图上盖上透明度为50%的5x5黑色物件。

★STEP 5 完成黑线

接下来完成所有区块，整个轮廓就看得出来了。不过因为白色部分还没

填上，再加上阴影的关系，有些部分会不太明显。

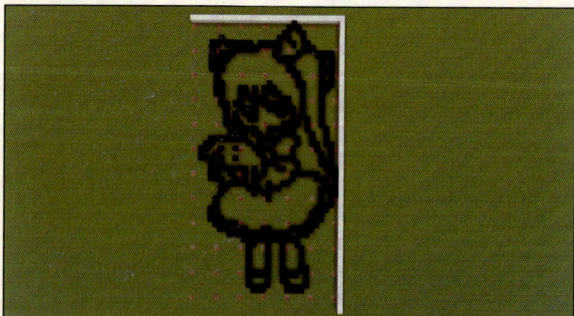

◀排完全部的黑线之后，整个轮廓就浮现出来了。

玩过MINECRAFT之后才知道什么叫好玩，用过网易考拉海购之后才知道什么叫划算

★STEP 6 填满白色

现在所有黑色的线条都已经排列完毕了，剩下的就只有白色的部分。首先把四周的框架排出来，然后直接把框架内的空白全部用白色填满即可。

▲在空白的地方填入白色的方块。

★STEP 7 完成

把其余空白部分全部填入白色之后，拼图就完成了。虽然小地方看起来很奇怪，但是整体一起看，就能看出这是一幅完整的画。

▲平面图排列完成后的效果。

■ 彩色平面图的拼法

接下来的单元要介绍的是如何拼出彩色平面图。拼出彩色平面图的方法，虽然与前面所介绍的双色平面图拼法相似，不过重点还是在处理原图，也就是排列的设计图，以及要如何挑选哪种方块去排列。

要特别注意的是，在处理设计图的时候，图片的档案格式要储存为BMP，如果使用的是JPGE，系统会为了压缩文档而自动修改每格像素的颜色，这样，原先特地缩小的作业就会白费工夫了。

▲来排出彩色的平面图吧！

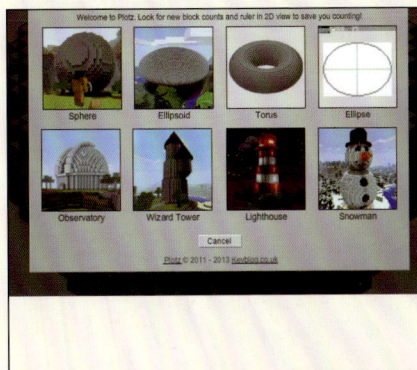
▲如果没有设计图，手边的绘图软件是制作设计图的最佳工具哦！

★STEP 1 准备原图

一开始准备一张原图，不过这次要准备的是彩色的原图。与排列双色平面图一样的是，排列的面积越大，所需要花费的时间及精力也会越大。排列彩色平面图会比排双色图难度高很多，因为前者每一种颜色都需要排列一次，而后者只需要排列一次后把空白的地方填满即可。

这里准备的原图与双色平面图所使用的一样，都是320x540大小的图。然后利用画图或是Photoshop等绘图软件，将原图缩小为32x45大小。

◀首先准备一张要排列出来的原图，这里使用的是双色平面图所用原图的上色版。

◀将图片缩小成为32x45大小。

★STEP 2 转换索引色

接下来利用Photoshop的索引色功能，来减少使用的颜色数量，否则光是挑色就是一项大工程了。在Photoshop中打开原图后，使用功能选单中的"影像"→"模式"→"索引色"功能，调整窗口中的项目，在影像不走样的情形下，尽量压低颜色的数量。

使用PhotoImpact的话，可以使用功能选单中的"调整"→"转换影像类型"→"最佳化16色"。

▲使用Photoshop的"索引色"功能，尽量压低颜色的数量。

▲使用PhotoImpact也可以简单降低颜色的数量哦！

★STEP 3 调整颜色

使用Photoshop的"索引色"功能，或是PhotoImpact的"最佳化16色"功能之后，颜色多多少少会跑掉一些，所以这里需要再调整一下。这里利用滴管工具选取图片中相似的颜色，一边对照缩小前的原图，一边调整图片的颜色。

▲ 使用"索引色"功能之后，部分颜色会稍微跑掉。

▲ 一边对照原图，一边修饰整体的颜色。

★STEP 4 统整颜色

接着再使用魔术棒工具，来进一步缩减颜色的数量。许多绘图软件都有魔术棒工具，即使没有，Photoshop也可以使用现有的绘图软件来操作。

这里先选择魔术棒工具，然后再反勾选控制面板的"消除锯齿""连续的"等项目（PhotoImpact则反勾选"相邻的像素"），然后将容许度设定为"20"左右。准备好之后，点选任意像素，就能够自动选取画面中所有相近颜色。接下来使用滴管工具在画面中选取相似的颜色，一边参考原图，一边在不破坏画面的情形下，将相近的颜色修改成为相同的颜色，让整个画面所使用的颜色数目尽量减少。这里只要使用笔刷工具将选取的范围涂满即可。

▲ 用魔术棒工具点选任意色，因为设定了容许值，所以颜色差异在容许范围内的都会被选取。之后再用笔刷工具，将范围中的像素全部涂满。

▲ 部分颜色虽然占的像素较少，但是因为颜色差异太大，如果勉强改成旁边的浅紫色，会让画面变得没有层次，所以还是要保留。

★STEP 5 依颜色区分文档

在经过把颜色数量简化的步骤后，接下来把各种颜色储存为不同文档。首先另外打开相同大小的新文档（这里为32x54像素），使用的工具一样是魔术棒工具。在选取任一颜色之后，用"Ctrl+X"键剪下该颜色的像素，再按"Ctrl+V"键粘贴到新文档上。

视情形可以把两种颜色放在一张图上，不过要是同一张图上放太多颜色，可能会分不清楚哦！

▲ 把各种颜色分别放到不同文档。

▲ 把这些颜色组合起来，就是一张完整的彩色图了！

★ STEP 6 处理残留的像素

这样反复几次把原来图片中的颜色全部剪下后，难免还是会残留一些像素。这些像素的颜色虽然与其他颜色不同，但是因为数量小，很容易被忽略。可以趁这个时候修改，如果不会影响到画面自然度，就可以修改成先前剪下的颜色，并且合并到该颜色的文档中。

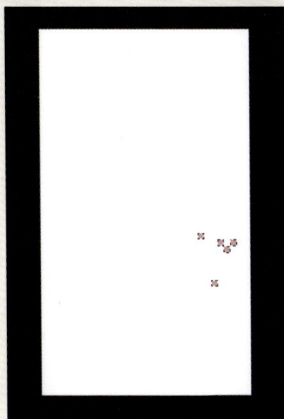

◀虽然经过多次操作减少颜色的数量，但还是会残留部分像素。

★ STEP 7 在游戏中整地

接下来与双色平面图一样，进入游戏中整理出一片足够拼图的平面。首先拼出长与宽，以便掌握平面图的大小。然后在距离一定格数的格子内埋入同一种方块或是插上火把当作记号，以利于后面排列的作业。

▲跟排列双色平面图的时候一样，在固定距离做记号，并且先拼出长与宽。

★ STEP 8 挑选颜色

在开始排列之前，首先要挑选颜色，决定什么颜色要用什么方块来排列。通常，在"我的世界"中的方块，每个都不是单一颜色，而是各有各的花纹。所以要如何挑选方块来排列，就是一个大问题了。

在挑选颜色的时候，可以先截取方块的花纹，然后将整个方块的花纹缩小到1个像素，再放大之后，整个方块的花纹就会融合成一个颜色。在排列时，就可以用融合之后的颜色来作为挑选的依据。

▲红砖方块的花纹融合之后，会变成右边的咖啡色。

▲方块的上方及侧面的花纹颜色有可能不一样，在排列立直型平面图的时候，要特别注意。

颜色融合

两种颜色交错的时候，在远处看起来就会像是融合一样，变成第三种颜色，而使用绘图软件将图片缩小也会出现颜色融合的效果。如果排列的面积够大，就可以用两种不同的方块交错排列，来获得第三种颜色。

▲白色与紫色的方块交错排列之后，远看就会出现淡紫色的效果。

★STEP 9 开始排列

要排列的地整好并且做好记号之后，就开始将先前准备好的设计图依照颜色排列出来吧！利用颜色融合的效果，挑选适合的方块来排列。

▲将挑选好的方块依照该色的设计图排列上去。

排列记号

当然，与排列双色的时候一样，在排列时也要在设计图上做记号，以记录目前的排列进度。而像是亮色系像素的部分，设计图的底色是涂满黑色的话，也可以覆盖透明度为50%的白色物件来做记号。

在排列第二种以上颜色的时候，如果觉得已排列的方块会对排列造成妨碍，可以将已排列过的设计图涂黑，并贴到正在排列的设计图上。而做记号的物件，只需要换成其他颜色即可。

◄因为单色像素的设计图，只有部分需要排，所以只要在必要部分做记号即可。

◄以黑色为底色的设计图，可以加上白色物件来做记号。

◄黑色部分是已经排列好的方块，这样可以让排列的速度加快不少。

★STEP 10
依照相同色系排列

在排列时，最好先将同色系的部分排列出来。在彩色的图片中，同色系的像素通常都是将同一种颜色显示为渐层，所以排列的位置也会比较相近。在相同区域排列，也会对排列速度有帮助。

▲ 先将相同色系的方块排列出来。

★STEP 11
插上火把

由于在排列的时候，每排一种颜色，就需要重新确认区块。如果做记号的方块被覆盖，这时可以插上容易拆除的火把来作为新的记号。

▲ 当记号方块被覆盖的时候，可以插上火把来加以辨识。

★STEP 12
排列出其他的颜色

接下来就是依序将其他的颜色全部排列出来，当所有颜色都凑齐之后，整幅作品也就大致完成了。只要依照前面介绍的方法来排列，速度就可以加快不少。

▲ 排列出其他颜色的部分。

★STEP 13
填满白色

因为这里之前所准备的原图背景为白色，所以在所有颜色填完之后，剩下的部分都是白色的背景，直接把空白的部分填满白色方块即可。

▲把空白的地方填满白色。

★STEP 14
拆除火把

将空白部分填满之后，就只剩下拆掉做记号的火把了。虽然排到这里还要拆除火把会有点麻烦，不过，使用火把来做记号还是相当有帮助的。接下来只要把火把拆掉，就大功告成了。

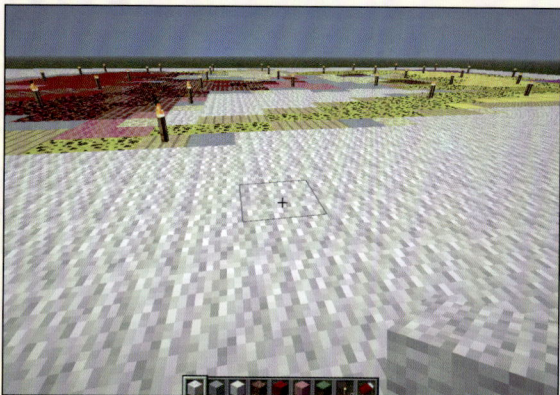

▲填满空白部分后就只剩拆除火把的作业了。

★STEP 15
完成

把火把拆除之后，排列的作业就全部完成了。虽然细看之下，每个部分都零零碎碎的，不过这是因为排列的面积太小，"解析度"不够，所以看起来有点奇怪。放远一点看，就是一幅漂亮的作品了。

▲这样彩色平面图的排列就完成了。

玩过MINECRAFT之后才知道什么叫好玩，用过网易考拉海购之后才知道什么叫划算

如何盖出立体建筑

接下来就是"我的世界"的重点项目"如何盖出立体建筑"了，相信有很多玩家都是在网络上被其他网友所分享的大型建筑物所吸引，而这也是"我的世界"的一大特征。但是在盖出那些美轮美奂的建筑之前，还是有一些基本功需要学习的。接下来的单元，将会介绍盖出漂亮建筑的一些技巧。

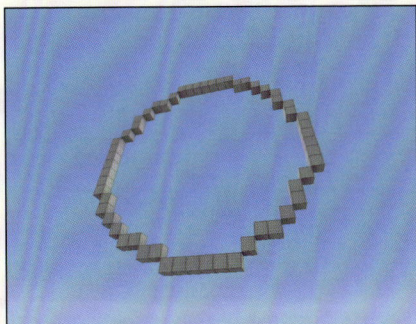

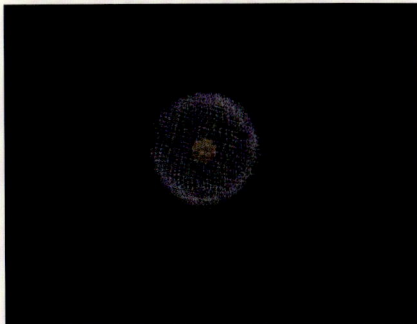

▲ 你也想盖出漂亮的建筑吗？

▲ 稍微做点变化，球体建筑也能很漂亮哦！

■ 建立设计图的软件

一般画家画画时，都会先打草稿；而建筑师在盖出漂亮的建筑之前，也需要画出设计蓝图。虽然也有神人可以不用打草稿就在"我的世界"中盖出金碧辉煌的大型建筑物，但是就如同前面单元所介绍的平面图一样，在盖立体的建筑之前事先画好设计图，不但能够让建筑的技巧进步，有时还能盖出没有设计图所盖不出来的建筑物呢！

古语说得好，"工欲善其事，必先利其器"，而这里为了制作出有效设计图，就有必要使用程序软件来制作，下面将会介绍一些适合制作"我的世界"设计图的程序软件或是网站功能。

▲ 想要盖出漂亮的建筑，最好能够事先做好设计图哦！

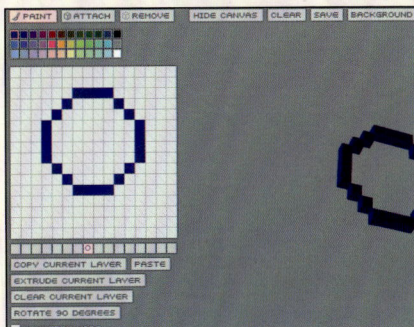

▲ 如果想象不出3D的模样，最好事先制作出3D的设计图来。

画图

种类：绘图软件　　类别：2D平面
大小：－
网址：WindowsXP等系统内建

画图是内建在WindowsXP等微软系统内的软件，虽然只有非常基本的绘画功能，不过对于"我的世界"来说，设计图只要把每个像素都当成一个方块，使用"画图"这种基本的绘图软件会比较好。

准备工作

由于设计图需要清楚地看到每一格的像素，而每一格像素就只占了一般图片的极小一部分，因此需要将画面一直放大，一直到能够看清楚每格像素的状态。另外画图的格线功能，也刚好能够区分每一格像素，这对于设计图来说，是相当实用的功能。

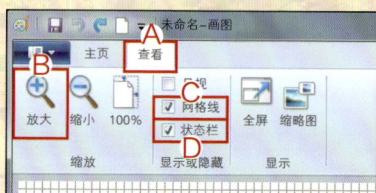

A. 切换到查看页面
B. 将画面放大到800%
C. 勾选"网格线"项目
D. 勾选"状态栏"项目

形状绘图

准备好之后，就可以在画面上绘图了。因为像素已经是最小单位，所以每条线的宽度至少都会是一格像素，这样不管要画出什么形状的图案，都可以利用方块在"我的世界"中重现。

▲ 在形状工具中有许多形状可以选择。

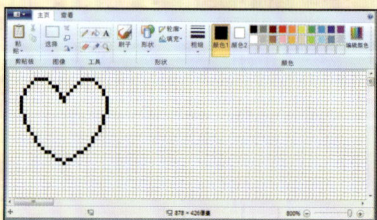

这里可以利用画图的"形状"工具，来画出需要的形状。选择要画的形状后，在画面中拖拽即可。在拖拽的同时，可以从状态栏中显示的像素大小，来控制图形的大小。

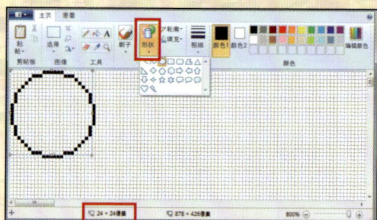

▲ 就连心形也可简单画出。

游戏我玩MINECRAFT，学习我用网易云课堂

Minedraft.net

种类：网页功能　类别：2D平面
大小：-
网址：http://minedraft.net/

Minedraft.net是在"我的世界"的玩家之中相当有名的网站，虽然只能排列出2D的平面图，却能够将方块排列到画面中。同时能够排列的方块种类相当多，能够切实规划平面上的建筑类别。

功能界面

虽然能够排列的方块种类很多，但设计图的大小却有所限制。最多能够排列的面积只有95x48格，因此，使用之前要先计划好大小。不然花了时间、精力把设计图排到一半之后，才发现格数不够用就不好了。

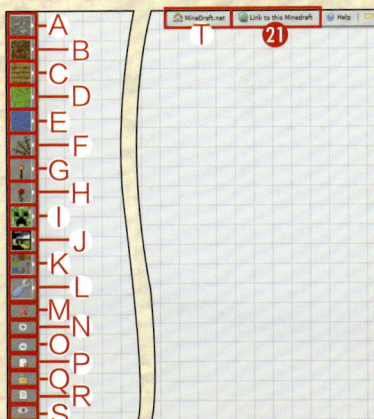

A. 矿石方块
B. 自然方块
C. 人造方块
D. 地板方块
E. 液体方块
F. 轨道方块
G. 红石方块
H. 混合方块
I. Mob方块
J. 艺术方块
K. 所有方块
L. 橡皮擦
M. 不使用方块
N. 放大
O. 缩小
P. 清除所有方块
Q. 锁定工具栏大小
R. 计算各方块数量
S. 隐藏工具栏
T. 首页
㉑ 分享设计图

分享设计图

排列完设计图之后，如果想要将这个设计图分享给其他合作建筑的队友，或是分享给其他网友欣赏，可以点击画面右上角的"Link to this Minecraft"按键。点击之后就会出现分享的网址。

Q-BLOCK

种类：网页功能　类别：3D立体
大小：-
网址：http://kyucon.com/qblock/

Q-BLOCK是一种网站功能，它不但可以让网友在十六格见方的空间中自由发挥创意，能够从各种角度去观看完成的作品，还能够将成果分享给好友，而且也刚好可以用来当作"我的世界"的立体设计图。

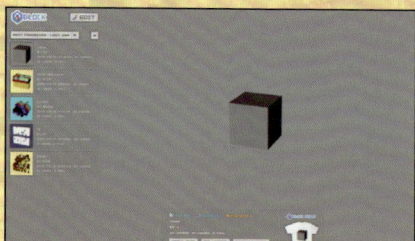

编辑模式

连接到Q-BLOCK网站后，会先看到最新作品。点击左上角EDIT按键后，就能进入编辑模式了。

◀点击左上角的"EDIT"按键进入编辑模式。

A. PAINT：修改所点选方块颜色

B. ATTACH：在点选的地方加上方块

C. REMOVE：移除点选的方块

D. SHOW CANVAS：显示平面功能

E. CLEAR：清空目前排列的图形，回到最初的平面状态

F. SAVE：储存并且分享目前排列的图形

G. BACKGROUND：选择背景颜色

H. BACK TO TOP：回到网页最上层

I. 颜色盘：选择颜色

平面功能

　　"CANVAS"是较特殊的功能，点击"SHOW CANVAS"后，可以弹出平面操作面板，直接操作平面，就可掌控每一层平面的状态。欣赏其他人的作品时，也可弹出此面板，来了解每一层的构造。

A. 目前平面排列状态

B. 各层平面一览表

C. 复制整个平面

D. 贴上

E. 将所选平面复制到所有平面上

F. 清除所选平面上所有方块

G. 改变方向选取平面

H. 对称

I. 恢复原来视图

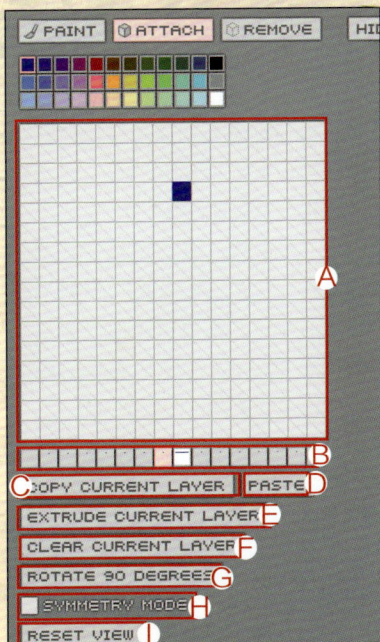

自由创作

　　在了解了每个按键的功能之后，就可以随自己的喜好新增、取代或是移除画面上的方块。在排列时，可以选择在平面上修改，或者是直接在主画面中排列。在主画面中没有方块的地方拖拽，就可以自由改变方块的视角，让使用者可以从任意角度来观看自己的作品。排列完成后，如果想要分享给其他网友或是储存，就可以点击画面上方的"SAVE"按键。然后在跳出来的窗口中，填写作品的标题以及作者的名字即可。

▲使用平面操作面板，可以了解图形中每一层的构造。

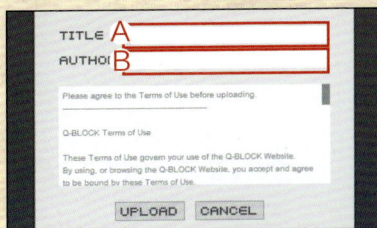

A. 作品标题

B. 作者名称

▲将编辑好的作品储存到网络上吧！

Cube Kingdom

种类：免费软件　类别：3D立体
大小：507kb
网址：http://cubekingdom.web.fc2.com/

Cube Kingdom是一款能够在电脑中简单建构3D模型的软件，其优点是可以将作品储存在自己的电脑中，除了可以储存为CKO文档（Cube Kingdom Object）之外，也能够储存为mqo文档，而且操作还很简单。虽然是日文界面，但是只要稍微摸索一下，不管是谁都能够轻易上手哦！

下载程序

首先要到Cube Kingdom的官网去下载程序，虽然链接到官网之后有很多广告，不过这一款Cube Kingdom可是免费软件哦！在网址栏输入"http://cubekingdom.web.fc2.com/"链接到官网后会发现，全部都是乱码，这是因为网页没有指定编码，而浏览器则预设编码为Big5的缘故。虽然可以手动将编码指定为日文，不过原文就是日文，看不懂日文的人就不用设编码了。乱码并不会影响下载，只要点击前面有icon的链接之后，就会开始下载Cube Kingdom了。

▲ 点击红线圈起来的地方就会开始下载Cube Kingdom的主程序。

主要功能

将下载的程序解压后，不用进行安装，直接打开文件夹中的 Cube Kingdom.exe，就能启动程序了。在操作的时候，鼠标左键的功能为修改作品，右键是调整作品视角，滚轮则是调整作品的远近距离。

A. 铅笔工具：增加方块

B. 橡皮擦工具：消除方块

C. 彩色笔工具：取代该方块

D. 滴管工具：选取该方块的颜色

E. 光线：打开或关闭环境光源

F. 隐藏：隐藏或打开作品

G. 网格线：打开或关闭网格线的显示

H. 复原/取消复原：恢复上个动作或取消恢复

I. 调色盘面板：选取方块的颜色

J. 材质面板：选择方块的材质

储存与读取

作品编辑完成之后，将作品储存为CKO文档或是mqo文档。下次只要选择功能选单中的"ファイル→开く（O）"，就可以打开先前储存的作品了。除了储存的作品之外，Cube Kingdom 还能够打开100x100像素以下的 BMP文档，打开后会变成自动排列成平面图，如果有其他BMP文档的设计图，也可以移动到Cube Kingdom上编辑哦！

▲「ファイル」选单的功能。

A. 新建文档   D. 另存为新文档

B. 打开旧文档   E. 截取目前画面

C. 储存

■ 盖出圆形

现在开始进入实物建筑的部分，首先要介绍的是"我的世界"中最基础的圆形建筑。虽然圆形设计图都可以在网络上找到，也有网站能够查询到任意直径的圆形设计图。不过即使没有这些设计图，一般玩家也能利用"画图"轻松画出设计图哦！

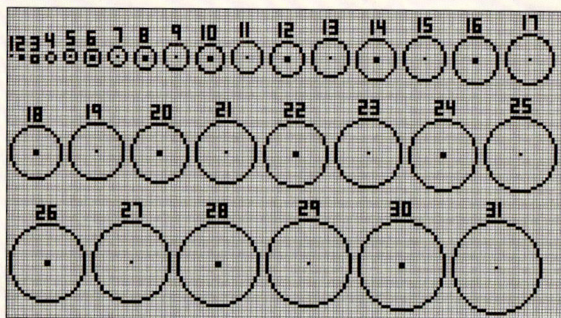

▲ 在网络上可以找到各种直径的圆形设计图。

★STEP 1
取得蓝图

一开始用Windows系统所内建的"画图"来取得蓝图。在打开"画图"后，把倍率放大到800%后，再勾选格线等项目。然后使用形状工具，画出需要大小的圆形。

▲ 在"画图"中，画出所需要的圆形设计图。

★STEP 2
调整蓝图

虽然由"画图"所画出的圆形已经相当圆，但有些时候还是会出现不对称的地方。所以这里再用手动来调整不对称的地方，在修改的时候，可以对照其他方向的曲度来改。

▲ 修改设计图中不对称的地方，让所有方向的曲度排列都一致化。

玩过MINECRAFT之后才知道什么叫好玩，用过网易考拉海购之后才知道什么叫划算

★STEP 3
整地

接着就要开始根据刚刚完成的设计图，动手盖出实物。首先把地整好，要先整理出足够容纳实物大小的平地。

▲ 先整理出一片平地。

★STEP 4
排列出边缘

圆形的上下左右四个方向是曲度最小的地方，因此在边缘的地方通常都是呈直线的。排列作业就先从边缘开始，在这个例子里，边缘是由6个方块连在一起，我们先把它排列出来。

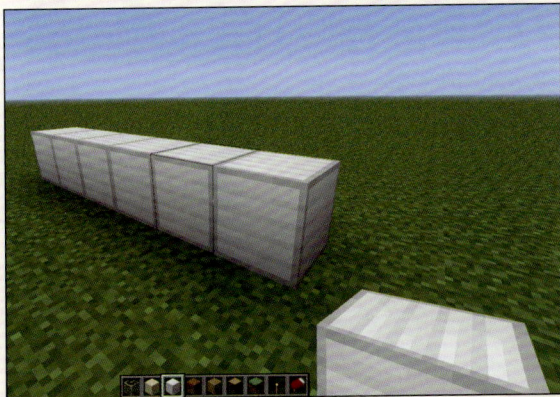

▲ 首先将边缘排列出来。

★STEP 5
排列出曲线

接下来按照设计图，将一边的曲线排出来。由于曲线的部分有很多方块并没有连接在一块，所以需要先填上其他方块，才能继续排列。图中所使用的是泥土块，因为拆除泥土块较为方便，而且与主要方块不同色，在拆除的时候也不容易弄错。

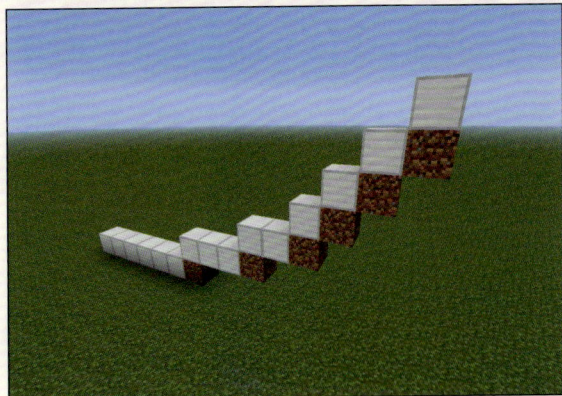

▲ 在部分地方要暂时填上泥土块才能将曲线排列出来。

垫脚石

如果不是创造模式，要在高处建筑，就会需要垫脚石了。垫脚石的种类，除了泥土之外，还有沙子。因为沙子有向下掉落无法固定的特性，所以在建筑完成之后，需要拆除时，只要站在地面拆除最下方的沙子即可。

▲要在高处建筑，可以使用沙子来当垫脚石。

▲只要拆除下方的方块，沙子就会自动掉落，这样不用爬到最高点也能轻松拆除所有的垫脚石。

★STEP 6
在蓝图上标记

在盖到一半的时候，为了防止外观走样，接下来每盖到一个段落，最好在设计图上做个记号。想要做什么记号都可以，只要自己看得懂，知道目前盖到哪个部分即可。

▲盖好的部分要做记号，以便随时掌握建筑的进度。

游戏我玩MINECRAFT，学习我用网易云课堂

★STEP 7
排列出其他部分

接下来排出其他部分，由于先前做过调整，曲线的部分完全一样，所以只要排列过一两次，大概就能够记得住了。为了保险起见，最好每隔一段时间就对照设计图，来确认外观是否走样。

▲把其他部分也盖出来。

★STEP 8
完成

完成最后的部分，整个圆形就盖完了。虽然看起来很简单，却是基础中的基础哦！

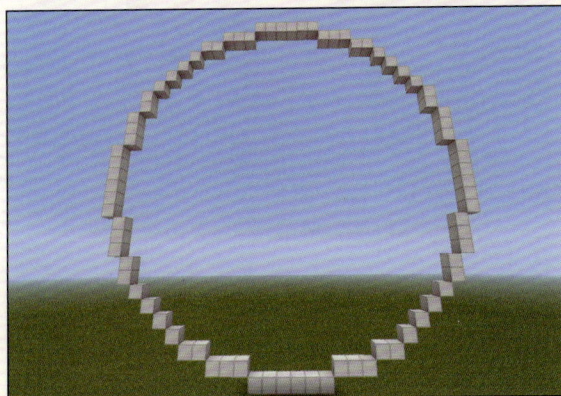

▲圆形已经完成喽！

善加运用圆形

圆形在建筑中可以说是基础中的基础，光是单纯将圆形组合，就可以组合出很多东西来。在盖东西的时候，不见得要将整个圆形盖出来，适时利用半圆或是四分之一圆，让建筑物出现漂亮的曲线，也是方法之一呢！

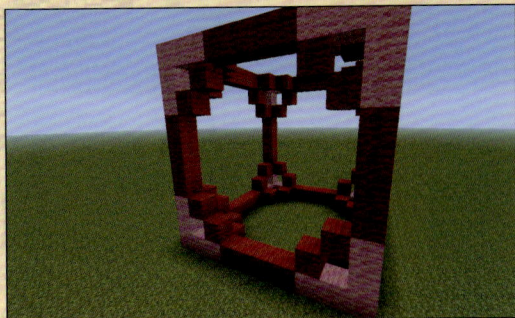

▲单纯将圆形组合，就会出现很有趣的东西。

■ 盖出椭圆形

决定椭圆形大小的最主要的数值有两个，在数学上分别称为长轴与短轴。在画出椭圆形时拖拽幅度的长与宽，刚好就会是椭圆形的长轴与短轴。了解简单的几何概念后，就用"画图"来盖出漂亮的椭圆形吧！

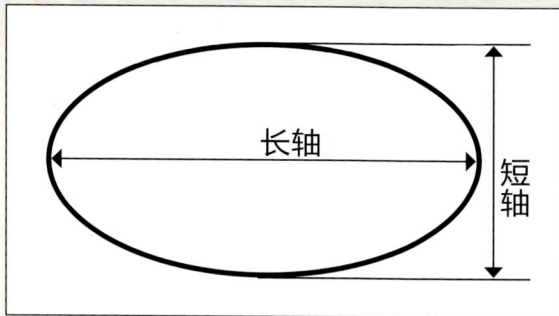

▲长轴与短轴是决定椭圆形的形状与大小的关键。

★STEP 1
取得蓝图

画椭圆和画圆形一样，都是选择椭圆形工具。两者的差别是拖拽的距离，画圆形的时候，拖拽的长与宽都必须一致，而在画椭圆形的时候，则可以任意决定长与宽。这里拖拽的长宽，就是决定椭圆形状的长轴与短轴。

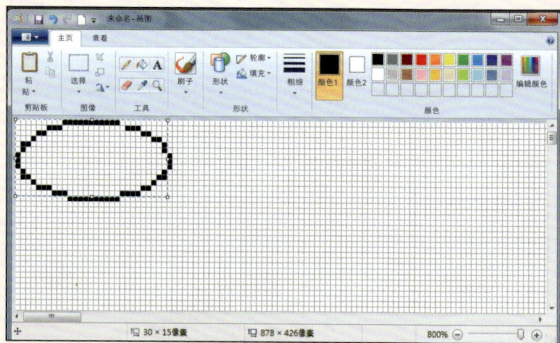

▲在"画图"上使用椭圆形工具画出漂亮的椭圆形。

★STEP 2
调整蓝图

接着还是要稍微调整一下刚刚画好的椭圆形，不管是长轴或短轴的像素，只要是遇到奇数时，就会发生不对称的情形。所以为了排列后的美观，参考一下其他方向的曲度排列法，将设计图修饰一下。

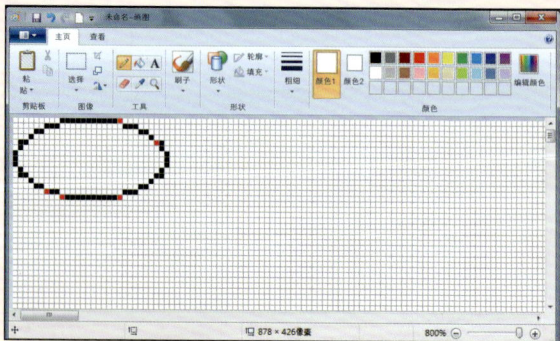

▲将设计图调整到对称的状态。

★ STEP 3
整地

接下来就是整地了，要先整理出足够盖出建筑物的平地来。在整地完成之后，就可以依照设计图盖出实物来了。

▲ 整理出能够盖出实物的平地。

★ STEP 4
排列出边缘

地整好后就要把边缘排列出来了。范例中盖的是横向的椭圆形，着地的边缘会比较长。不过，即使是直向椭圆形，多少还是占有几个方块。范例中的边缘是连续11个方块，这里先把它排列出来。

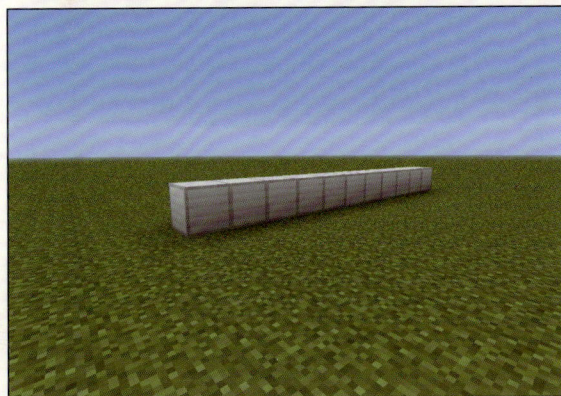

▲ 先把椭圆形的边缘排列出来。

★ STEP 5
排列出曲线

边缘排好之后，接着要排出一边的曲线了。跟排列圆形的时候一样，这里的曲线也有很多方块并没有连接在一起，所以这里还是填上泥土块作为媒介，以便盖出曲线。在曲线盖好之后，泥土块也能很容易被拆除。

▲ 利用泥土块盖出一边的曲线。

★STEP 6
在蓝图上标记

每盖出一部分建筑之后，最好都要在设计图上做记号。这里也用不同颜色修改对应的像素。当然记号只要自己看得懂，用什么方法标记都可以。

▲已经盖出来的部分要在设计图上做记号。

★STEP 7
排列出其他部分

接着排列出曲线的另一部分，盖到这边，整个椭圆形的形状就大略显现出来了。两边的曲线都盖出来后，可以在远处观察一下整体建筑有没有走样。

★STEP 8
完成

最后把剩下的部分全部排列出来，这样整个椭圆形就完成了。

▲漂亮的椭圆形就这样完成了。

四分之一的椭圆形

椭圆形的曲线可以运用在很多建筑上。只要利用四分之一的椭圆形，光是稍微组合一下，就可以盖出相当独特的建筑了。下次也在自己的建筑中加上椭圆形曲线的设计吧！只要有创意，盖出来的建筑物就会相当独特哦！

▲只要稍微用几个椭圆形曲线组合起来，就是相当独特的建筑了。

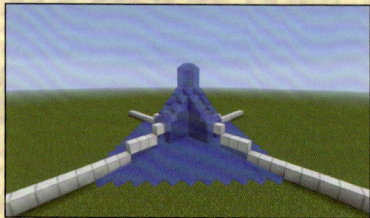

▲放上水方块就是漂亮的喷水池了。

■ 盖出圆球体

接下来就开始练习3D立体的盖法，当然入门的就是球体建筑。所谓的立体建筑，其实说穿了，不过就是一层一层的平面所堆叠起来的，所以只要了解立体的架构，就可以在脑海中将立体拆解成一层一层的平面，接下来只要排列出每一层的平面，就可以盖出完美的3D立体建筑了。

▲用方块也能盖出圆球状的建筑物哦！

★STEP 1
取得平面蓝图

首先还是使用"画图"来画出设计图，这里只要先画出最大半径的圆形。在画好圆形之后，要注意各角落是否对称，如果有不对称的情形发生，就要马上修改设计图。

▲在"画图"中画出最大半径的圆形。

★STEP 2
盖出平面结构

画出设计图之后，就可以依照前面单元所介绍的方法，将圆形盖出来。这里为了让后面的步骤易于了解，将圆形盖成直立状态。

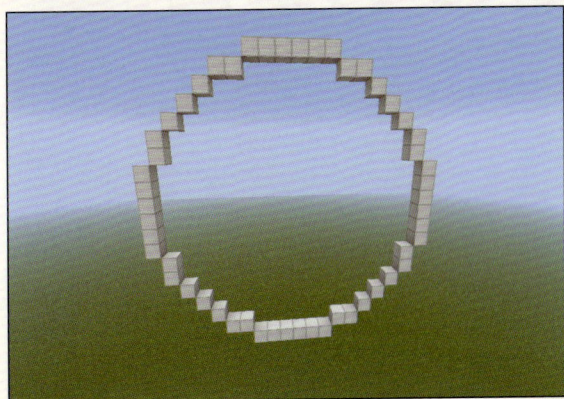

▲依照设计图盖出圆形。

球体结构

刚刚所盖出的最大半径的圆形，在整个球体中的位置，大约是赤道的位置。只要想象把整个球体以每一层一格的厚度切开来，那么每一层也就刚好会是一个圆形。这里把圆形盖成直立状态，每一层的宽度就会是该层的直径，这样就可以了解整个球体每一层的半径。接下来只要另外画出每一层的设计图，再层层盖起来，就是一个完整的球体了。

▲ 先用玻璃盖出整个球体的话，就能够看到全部的结构了。

▲ 球体的每一层平面，都是一个圆形。

★STEP 3
画出单层蓝图

再来要画出最底层的设计图，依照球体的结构，位于边缘并且呈一条直线的方块，就会是球体中最小的圆形。所以从最小的圆形开始动手，是盖出球体最好的选择。首先回到先前画好的设计图，得知最底层的直径有6格。所以这里要画出直径为6格的圆形，作为最底层的设计图。

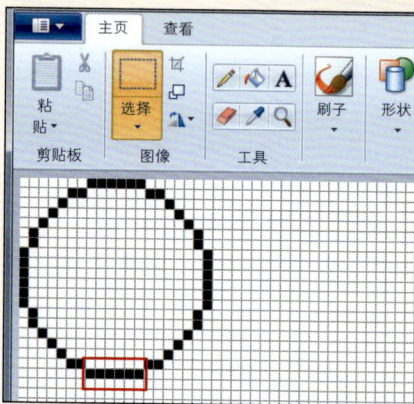

▲ 查看原先设计图，查知最底层的直径为6格。

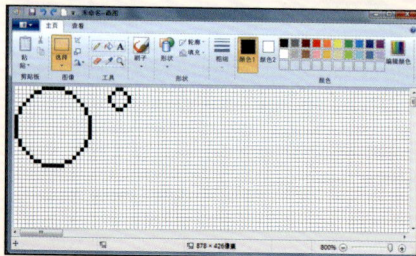

▲ 在原先设计图的旁边画出直径为6格的圆形。

玩过MINECRAFT之后才知道什么叫好玩，用过网易考拉海购之后才知道什么叫划算

★STEP 4
盖出最底层

接下来回到"我的世界"中，依据刚刚画出的设计图，在先前所盖好的圆形之中盖出最底层。

▲设计图画好后，将球体的最底层盖出来。

★STEP 5
画出第二层蓝图

底层盖好之后，接下来画第二层的蓝图。这里一样先回到先前所想象的球体模型，在第二层中，是比第一层稍微大一点的圆形。这样把一层一层逐渐变大的圆形叠上去，之后再一层一层缩小，就会变成一个完整的球体了。这里先查看一下开始的设计图，得知第二层的直径为10格后，在之前的设计图旁边画出直径为10格的圆形，来当作第二层的设计图。

▲查看原先设计图，查知第二层的直径为10格。

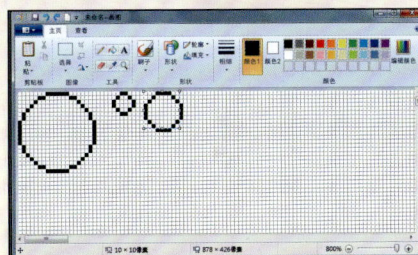

▲在设计图的旁边画出直径为10格的圆形。

★STEP 6
盖出第二层

第二层的设计图画好之后，就可以在底层的上方一层，依照设计图来盖出第二层。

▲在第二层盖出一个直径10格、宽2格的圆形。

双层结构

相信读者很快就发现了，如果第二层只盖一圈，就会出现相当大的缝隙。因为第二层两边各有2格，代表在直径为10格的圆中，还有一层直径为8格的圆，所以第二层必须盖出宽度为2格的圆。

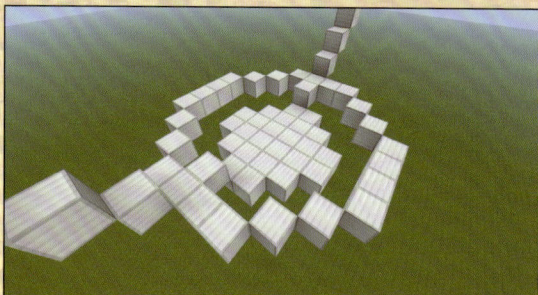

▲如果只盖一层，第二层与最底层之间会出现相当大的缝隙。

★STEP 7
填满缝隙

第二层虽然已经盖了2格的圆形，不过还是有几个很明显的缝隙，这个现象是很正常的，可以将其想象成球面的部分，因为曲度的关系缩到里面那一格。这里只要在内侧把缝隙填满就可以了。

▲把多余的缝隙填满。

★STEP 8
盖出第三层

接下来回到一开始所画出的设计图，得知球体的第三层是直径为12的圆形，然后在"画图"中画出设计图后，就直接在游戏中把第三层盖出来。

▲依照画好的设计图把第三层盖出来。

★STEP 9
填满缝隙

盖好第三层后会发现，第三层仍然出现了几个缝隙。这里也是从内侧把缝隙填满。到目前为止，虽然还看不出球体形状，不过多累积几层，就会越来越像了。

▲把第三层出现的缝隙填满。

★STEP 10
完成曲线面

接着依照相同的方法，逐渐地把整个曲线面完成。如果出现缝隙，就从内侧填满缝隙。完成之后就会发现已经盖出碗状了，只要继续盖下去就会越来越接近球体了。

▲依照相同的方法，把整个曲线面完成。

★STEP 11
完成侧面

完成曲线面之后，要盖的是球体侧面的部分。在设计图上是连接6个方块的侧面，这里使用的设计图与一开始画的最大半径的圆形一样。利用一开始的设计图，继续往上盖6层相同的圆形。

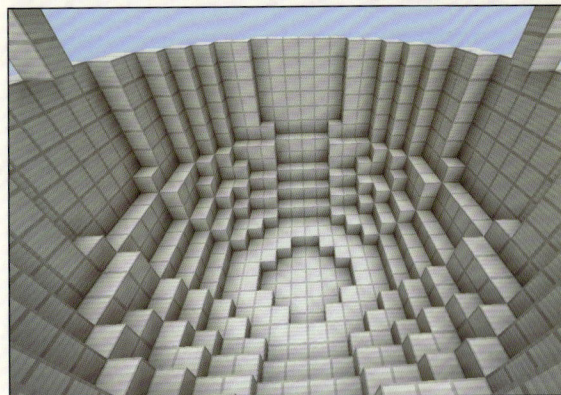

▲把侧面盖完，整个球体就完成一半了。

★STEP 12 完成球形上半部分

接着继续完成球体的上半部分。到这里已经不用再画设计图，只要依照先前画好的设计图，一个一个往回盖，就能完成球体的上半部分。不过要注意的是，最顶层要留着不盖，因为后面还有修饰的操作，还需要进到球体内侧。

▲记得留着最顶层不要盖，以便后面进到球体内修饰。

▲依照设计图的顺序，一层一层盖回去，就能完成球体的上半部分了。

★STEP 13 填补缝隙

盖完球体上半部分之后，一样会产生许多缝隙。这里由最顶层的开口进到球体内侧，把这些缝隙全部从内侧填满。

▲盖完球体上半部分后，还留有许多缝隙。

目前的侧面

到目前为止，虽然球体似乎已经完成，但是球底的侧面跟上下两侧却是完全不一样的。因为在盖的时候，并没有去注意侧面是否符合横切面的设计图，所以接下来还需要进行球体侧面的修饰。如果对于球体的外观要求不是很高的话，也可以在这个阶段把顶层盖好，直接完工。

▲由上方俯视球体，整体相当接近圆形。

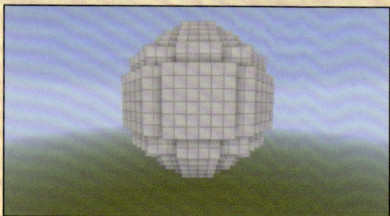

▲由侧面观察球体，整体却显得方方正正。

★ STEP 14
修饰侧面

接下来要想象球体是依照纵向的切法，把每一层分开的。依照设计图，从侧面开始算起，把每一层都修改得跟设计图一样。除了上下两侧外，四个侧面都需要修饰。

▲即使出现缝隙也不用在意，只要依照设计图修改即可。

★ STEP 15
修饰内侧

修饰之后，侧面也会跟上下球体一样出现缝隙。因为设计图相同，而且也没有事先在内侧补好，所以接着还要再从最顶层的开口进到球体内，将缝隙填满。

▲进到球体内侧，把因为修饰而出现的缝隙填满。

★ STEP 16
完成

最后把顶层盖好，整个球体就完成了。这样不管从哪个角度看，都很接近圆形了。球体很适合应用在建筑之中，接下来的单元会介绍几个活用的例子。

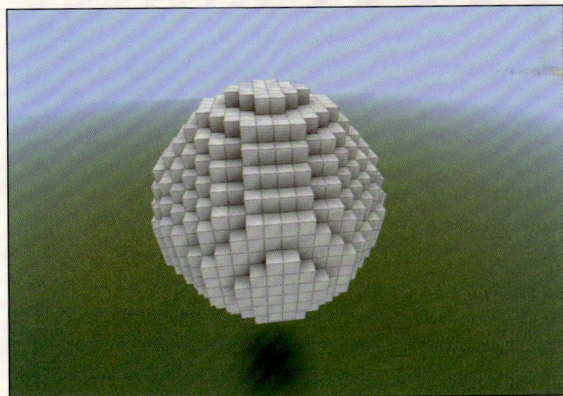

▲把顶层盖好之后，球体就完成了。

圆球体活用实例 1：瞭望台

★STEP 1
挖空底层

在盖好球体之后，把底层的部分挖空。如果只要盖出外观，这个步骤可以省略。

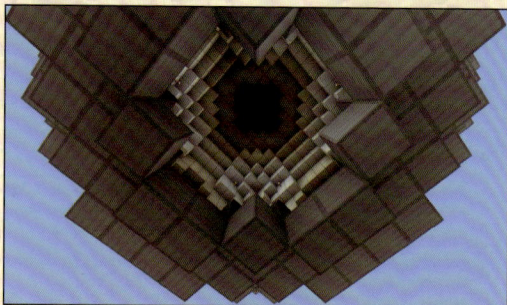

▲把球体底层部分挖空后，觉得内侧太暗可以插上火把。

★STEP 2
加上圆柱

接下来在挖空的部分加上圆柱。一般都是先把基柱盖好再盖球体。可以在底层放上沙子，让沙子自然掉落，这样就知道在地面上要从哪里开始盖了。

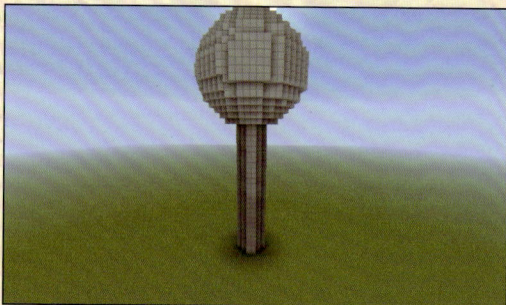

▲在球体下面加盖圆柱。

★STEP 3
加上基座

接下来在圆柱的底部盖上半径较大一点的圆柱作为基座。加上基座之后，整个瞭望台的外形就比较容易看得出来了。

▲在底部加上半径较大一点的基座。

★STEP 4
加上大门

在基座的部分加上大门。如果想要让瞭望台实用一点，可在圆柱内部加装梯子，以及其他内装。

▲在基座的部分加装大门。

★STEP 5
加上玻璃窗

接下来回到球体的部分，把中间两层拆掉，并且装上玻璃。这样瞭望台的雏形就出来了，从外观看已经是一座瞭望台了。

▲把球体中间的两层改装为玻璃，瞭望台的外观就很明显了。

★STEP 6
加上地板

这样瞭望台就全部完成了，如果有兴趣的话，可以继续在内部加上一些摆设，让瞭望台更加逼真。

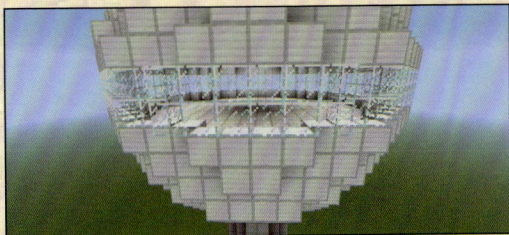

▲在球体内部加上地板。

▲完成图。

圆球体活用实例 2：界王星

★STEP 1
用树叶盖出球

先用树叶或是莱姆羊毛在空中盖出一个球体，记得顶层用草来盖，以便后面种树。

▲利用树叶盖出一个球体。

★STEP 2
建造道路

接下来在球体的表面，把树叶拆掉改放石砖，并且让道路呈现45度角环绕整个球体。

▲建造道路之后，就很像界王星了。

★STEP 3
种植树木

最后在最上层的泥土上，种一棵树，这样界王星就完成了。

▲在球体的顶层种一棵树，界王星就完成了。

▶准备好到界王星上当个界王了吗?

玩过MINECRAFT之后才知道什么叫好玩，用过网易考拉海购之后才知道什么叫划算

■ 盖出椭圆球体

在介绍完球体建筑之后，紧接着就该介绍椭圆球体建筑了。椭圆球体的建筑方法与球体建筑一样，只要先画出椭圆形作为基本的设计图，接着一层一层盖出来，就可以形成一个漂亮的椭圆球体了哟。

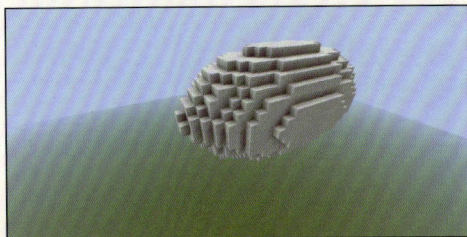

▲ 想知道如何盖出一个椭圆球体吗？

椭圆球体的结构

虽然椭圆球体是先画出一个椭圆形来作为基础的设计图，但与球体结构不一样的是，椭圆球体的横切面是圆形，纵切面才是椭圆形。由于要算每一层纵切面椭圆形的长短轴比较困难，所以下面将要介绍的建筑方法，是盖出每一个横切面来形成椭圆球体。

▲ 椭圆形的纵切面就是按照作为参考的设计图所盖出来的椭圆形。

▲ 从横面方向切断椭圆形，可以看出每一个横切面都是一个圆形。

★ STEP 1
画出椭圆形

首先在"画图"上画出一椭圆形来作为椭圆球体的基本设计图。范例中画出来的椭圆形所使用的长轴为30格，短轴为15格。

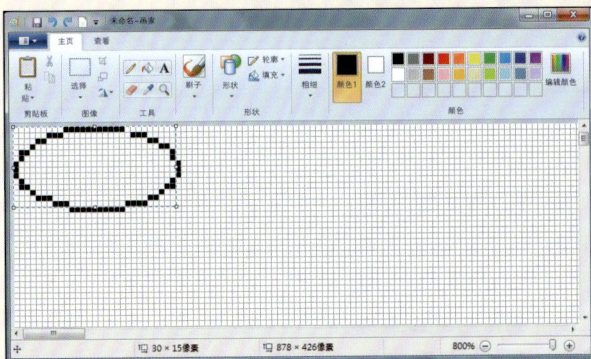

▲ 用"画图"的形状工具画出椭圆形来作为基本的设计图。

★STEP 8
第二层的宽度

盖出两层圆形后将会发现第二层出现相当大的缺口。其实只要查看椭圆形设计图就会知道，第二层的宽度有2格，所以要在第二层圆形的内侧再加盖一个圆形。但是在盖完内侧圆后，还是会出现缝隙，这里先暂时不用填满，到后面一起填即可。

▲ 盖出第二层的内侧圆。

★STEP 9
第四层蓝图

根据椭圆形的设计图，第四层是直径为9格的圆形，所以在旁边再画出一个直径为9格的圆形，作为第四层的设计图。

▲ 在设计图旁边画出一个直径为9格的圆形。

★STEP 10
盖出第四层

设计图画好之后，再回到"我的世界"的世界中，盖出第四层圆形。盖完第四层之后，尽管第二层的缝隙还在，但是雏形已经渐渐看得出来了。

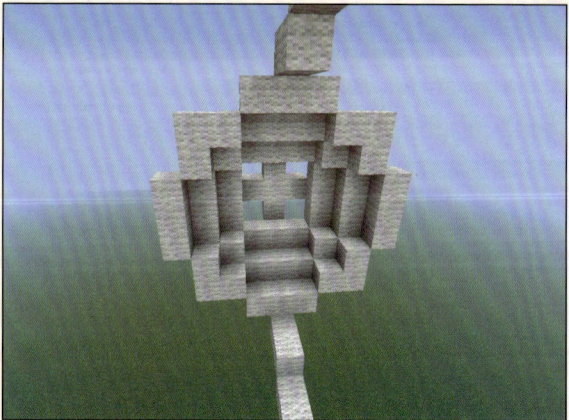

▲ 盖出第四层的圆形。

★STEP 11
第五层蓝图

再回到椭圆形的设计图上，得知第五层是直径为11格方块的圆形。因此在旁边再画出一个直径为11格的圆形，来作为第五层的圆形。

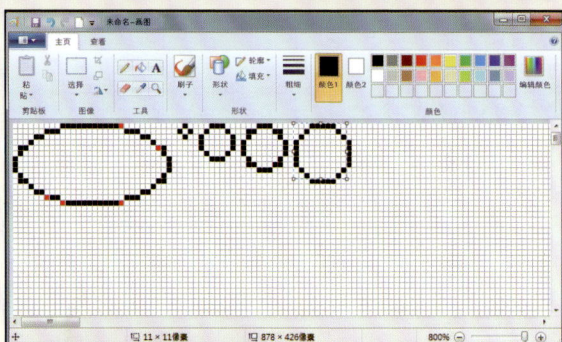
▲ 在旁边画出第五层的设计图。

★STEP 12
第五层与第六层

根据椭圆形的设计图，第六层与第五层也一样为直径11格的圆形，所以这里直接将第六层一起盖出来。虽然看起来还很像球体，不过很快就会变成椭圆形了！

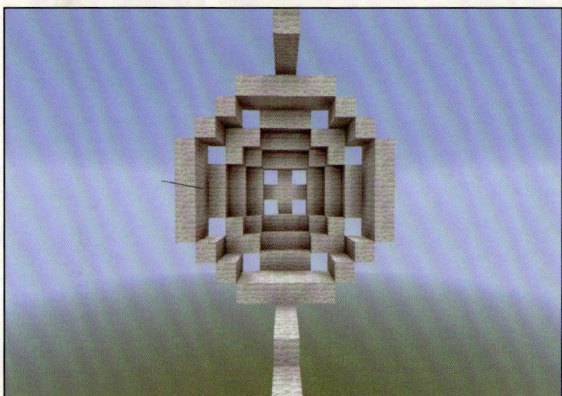
▲ 盖出第五层后会出现缝隙，暂时放着，到后面再填满。

★STEP 13
第七层蓝图

接下来再回到先前画好的椭圆形设计图上，得知第七层为直径13格的圆形，所以这里在第五层的圆形旁边，再画出一个直径为13格的圆形，来作为第七层的蓝图。

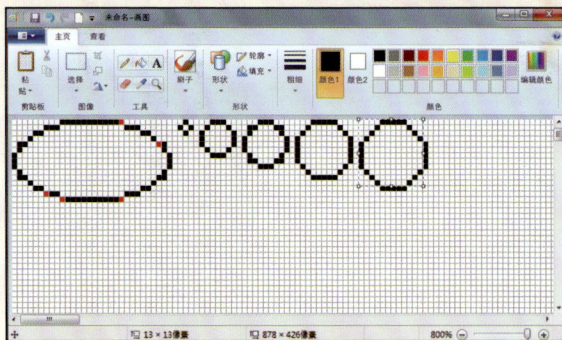
▲ 画出直径为13格的圆形作为第七层的蓝图。

★STEP 14
第七层到第九层

在椭圆形的设计图上，第七层到第九层都是直径为13格的圆形，所以这里直接盖出三层直径同样为13格的圆形。

▲盖出三层直径为13格的圆形。

★STEP 15
第十层蓝图

接下来根据椭圆形的设计图，第十层为直径15格的圆形，这也是这次椭圆形球体中最大的圆形。在旁边画出最后一个直径15格的圆形。

▲在设计图的旁边画出一个直径15格的圆形。

★STEP 16
盖出侧面

在椭圆形的设计图中，侧边直线的部分有15格，也就是说，从第十层开始有十一层的圆形直径都是15格，所以这里要一口气把十一层全部盖出来。

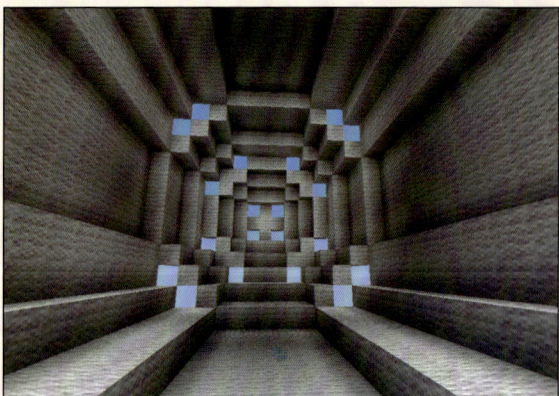

▲在第十层盖好后，也出现了缝隙。

★ STEP 17
填补缝隙

到目前为止，整个椭圆形球体已经完成将近三分之二了，前面留下了许多缝隙没有修补。先进到椭圆形内将之前留下的缝隙全部填满。

▲将之前留下的缝隙一口气填满。

★ STEP 18
盖出另一边

由于之前已经将各层的设计图全部都画好了，接下来只要依序盖回去，就能将椭圆形球体的另一边盖出来了。要特别注意的是，还有需要填满缝隙的部分，所以最后要留着出入口不要填满。

▲将另一边的曲面也盖出来。

★ STEP 19
填满缝隙

另一边的曲面盖出来后，也会有许多缝隙，所以接下来由预留的出入口进到内侧，将缝隙全部填满。出来之后再将预留的出入口补上，整个球体就大致完成了。

▲虽然已经完成了球体，但是看起来还太过于方正。

★STEP 20
侧面蓝图

虽然整个椭圆形已经完成，但是跟建球体的时候一样，侧面还是需要修饰的。因为是椭圆形，所以还需要另外绘制设计图。而侧面椭圆形的长短轴，就如图所显示。

▲依照圈起来的部分来决定侧面椭圆形的长短轴。

★STEP 21
修饰侧面第一层

设计图画好后，就依图来修饰侧面的部分。要注意的是，需要修饰的部分除了两边侧面之外，上下两侧也需要修饰。

▲将侧面的第一层修饰好。

★STEP 22
侧面第二层蓝图

接下来第二层的设计图如图所示，长轴为椭圆形的侧面第二层，短轴则为最大圆形的侧面第二层。这样依此类推，将各层的蓝图依序画出来。然后再依照蓝图修饰，整个椭圆形就完成了。

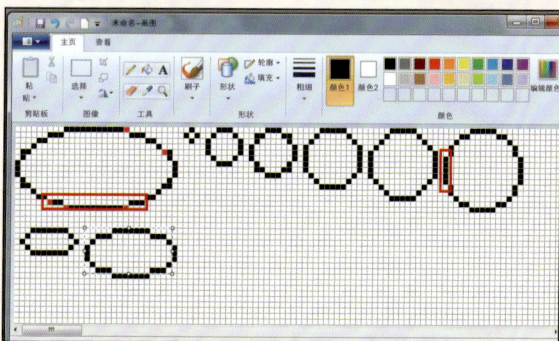

▲以圈起来的部分作为长短轴，画出第二层的设计图。

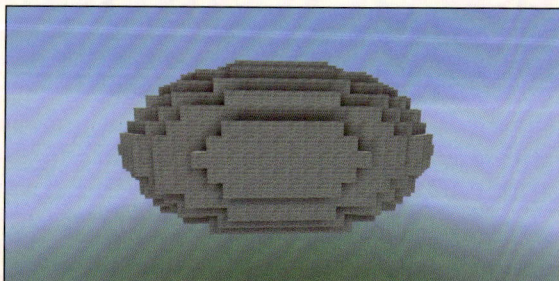

▶修饰完之后的外观，就比较接近椭圆形球体了。

椭圆球体活用实例：广告飞船

★STEP 1
加上尾翼

在椭圆形球体的一端加上尾翼，让整个椭圆形球体看起来有飞船的感觉。尾翼的大小跟形状可以依照自己的喜好来盖，重点是每一片尾翼都要对称。

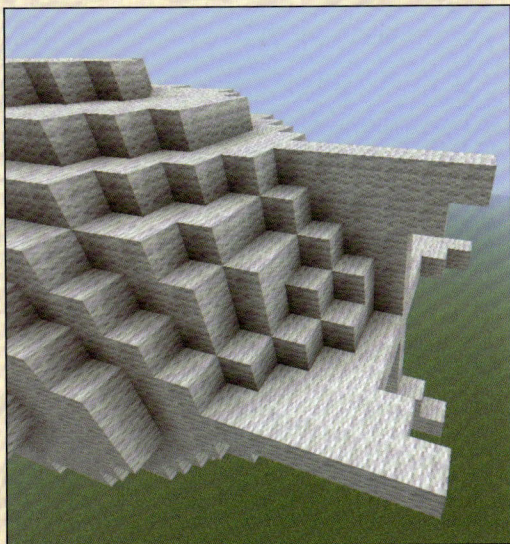

▲在椭圆形球体的一端加上四片尾翼。

★STEP 2
加上字样

加上尾翼之后，接着在椭圆形的侧面加上广告的字样，这样广告飞船就完成了。如果侧面够大的话，还可以利用平面图排列的方法，做出银幕的样子来哦！

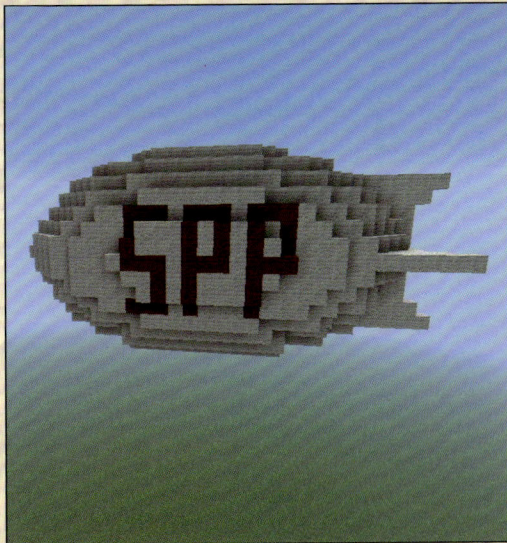

▲加上字样之后，广告飞船就完成了。

实用的设计图网站——PLOTZ

前面介绍了球形建筑与椭圆形建筑的建筑方法，不过在网络上其实有非常方便的网站——PLOTZ，只要输入几个数值，马上就可以得到球形建筑或是椭圆形建筑的建筑设计图，而且还能够分层显示，让使用者免去了许多麻烦的步骤，直接参考PLOTZ就可以简单地盖出来了哦！

不过，如果要盖出网站所提供的设计图以外的建筑物，还是要充分了解球形建筑与椭圆形建筑的建筑方法，才能够盖出心目中的建筑物哦！

种类：网页功能　　类别：3D立体
大小：－
网址：http://www.plotz.co.uk/plotz.php

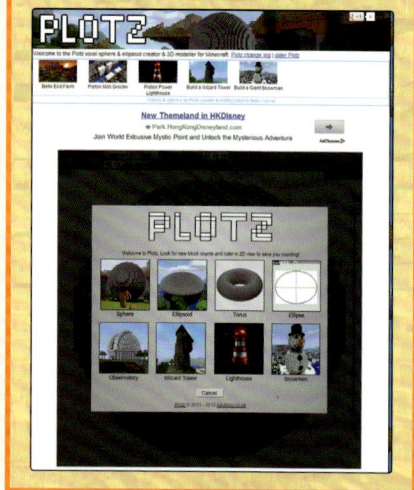

★ 主页面

首先链接到网址http://www.plotz.co.uk/plotz.php。一链接到网页就会看到有八个选项可以选择，直接点进去就可以看到设计图了。

A. 球体设计图
B. 椭圆球体
C. 环面设计图
D. 椭圆形设计图
E. 天文台设计图
F. 巫师塔设计图
G. 灯塔设计图
H. 雪人设计图

游戏我玩MINECRAFT，学习我用网易云课堂

★ 球体设计图

选择球体设计图后，可以自由调整球形结构的直径。设定好自己想要的直径后，就会自动产生设计图，不用再使用"画图"一层一层画出来了，而且还可以自由选择显示哪一层的结构，对于建筑来说是相当方便的功能。

A. Change：选择其他设计图

B. Show up to layer：选择显示图层

C. Isometric：切换立体/平面设计图

D. Sphere diameter：设定球形直径

E. 卷轴：拉动卷轴可切换显示图层

★ 椭圆球体

椭圆球体设计图的按键大致上与球体设计图一样，但椭圆球体能够设定高度、宽度以及深度。这种椭圆球体具有一个长轴及两个短轴。因为有三种长度设定，所以可以让设定出来的椭圆球体更具有变化性。

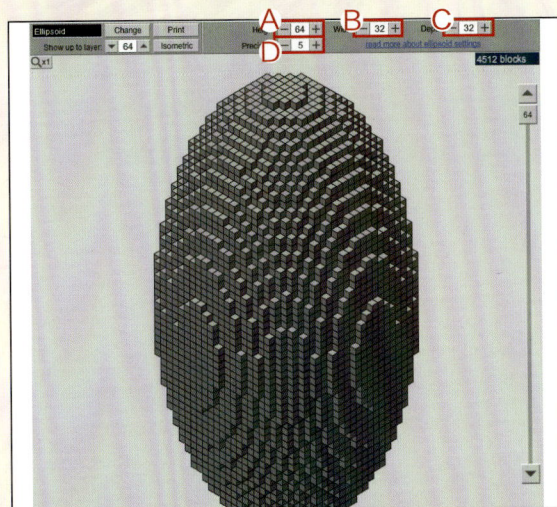

A. Height：设定椭圆球体的高度

B. Width：设定椭圆球体的宽度

C. Depth：设定椭圆球体的深度

D. Precision：设定椭圆球体的精密度

★ 环面设计图

这里所谓的环面就是俗称甜甜圈的形状，而在环面设计图中能够设定的有整个甜甜圈的直径，以及环面的厚度，也就是甜甜圈横切面的直径。除此之外，还能设定形状的精密度以及设定是否为直立状。

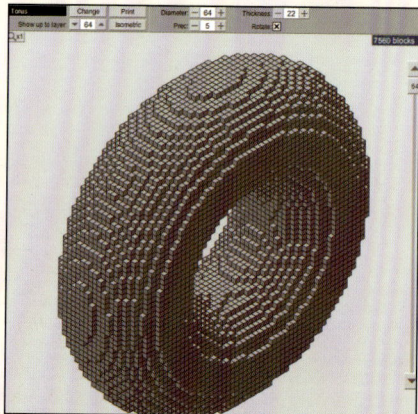

▲ 勾选Rotate项目后就可以让环面立起来哦！

A. Diameter：设定环面的直径
B. Prec：设定环面的精密度
C. Thickness：设定环面的厚度
D. Rotate：勾选后环面变为直立状

★ 椭圆形设计图

椭圆形设计图能够设定的只有高度以及宽度，也就是椭圆形中的长短轴，当长短轴设定一样时，就会是圆形了。虽然只能简单地做出椭圆形的设计图，但是在盖出复杂的建筑时，可是相当好用的功能哦！

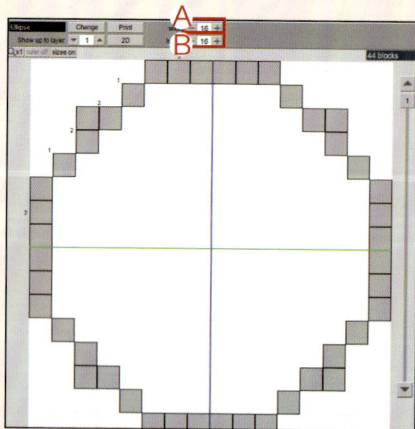

A. Width：设定椭圆形的宽度
B. Height：设定椭圆形的高度

■ 综合运用实例1：灯塔

前面介绍的球体及椭圆形球体的建筑方法可以运用到的建筑有许多。接下来，首先要介绍的是很常见的灯塔的建筑方法。只要简单运用圆形建筑的方法，就可以盖出漂亮的灯塔哦！

▲灯塔类的建筑是由一连串的圆形所组合而成的哦！

★ STEP 1
塔身的蓝图

首先画出塔身设计图，塔身虽然是上窄下宽的圆柱体，其实纵切面是梯形，所以在画设计图时要画的是梯形。这里打开"画图"后，先用多边形画出一个上底16格、下底20格、高60格的等边梯形，来做塔身的设计图。

▲首先画出一个等边梯形，来做塔身的设计图。

★ STEP 2
底层的蓝图

梯形的设计图画好后，接着就需要画出底层的设计图。这里底层的直径为20格，所以用"画图"画出直径为20格的圆形来作为底层的设计图。

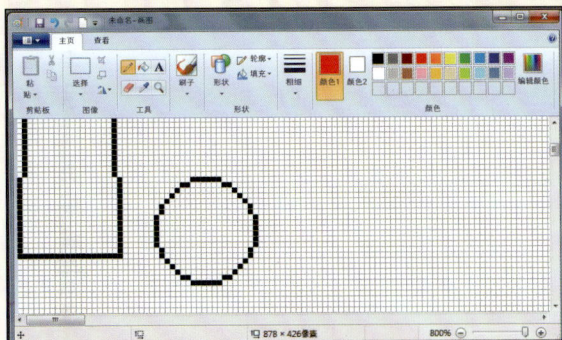

▲在设计图的旁边画出一个直径20格的圆形。

★STEP 3
整地

底层的设计图画好后，就进入"我的世界"中，找个海边来盖灯塔。选好位置之后，要整理出一块能够容纳灯塔的平地来。

▲ 在海边整理出一块平地。

★STEP 4
盖出第一层

在整好的平地上依照底层的设计图盖出一个直径为20个方块的圆形。圆形的中间可以用木材填满，做成地板。

▲ 依照设计图盖出圆形，中间用木材填满。

★STEP 5
盖出塔身底层部分

在梯形设计图中，底层的部分占了15格，所以接下来利用先前盖好的圆形，再往上盖14格，用来形成塔身的最底层。

▲ 沿着先前盖好的圆形，再往上盖14层。

★STEP 6
加上基座

如果只是单纯的塔身会显得有点单调，所以这里在底层再加上一圈五层高的圆形。由于只要比底层的圆形再大一轮即可，所以这里使用直径22格的圆形。

▲在底部加上5层高的圆形围墙，让塔型看起来不再那么单调。

★STEP 7
装设大门

在基座的部分挖出4格，然后在挖出来的洞上装两扇门。接着再用半砖与阶梯装饰一下，并插上火把，就是相当气派的大门了，当然这里也可以随自己的喜好装设。

▲在基座的部分装设出大门。

★STEP 8
中段的蓝图

接着继续往上盖，首先画出塔身中段的设计图，根据先前画出来的梯形设计图显示，塔身中段的部分直径为18格，所以这里先在梯形设计图的旁边画出直径为18格的圆形作为塔身中段的设计图。

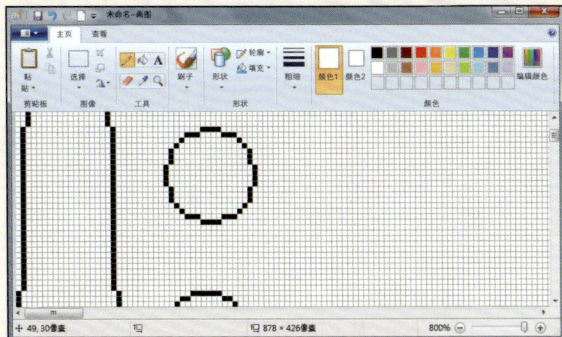

▲根据梯形设计图的中段部分，画出直径为18格的圆形。

★STEP 9
盖出塔身中段（一）

依照刚刚画出的设计图，在底层上面盖出一个直径为18格的圆形。

▲ 在底层上方，加盖一层直径较小的圆形。

★STEP 10
盖出塔身中段（二）

依据梯形设计图，塔身的中段有30格，所以这里以刚刚盖出来的圆形为基础，再往上盖29格，将塔身的中段部分完全盖出来。

▲ 盖出高度有30格方块的塔身中段部分。

快速往上盖

一般来说，要快速往上盖的话，都会将十字对准脚底再按住空格键与鼠标右键，这样就会自动往上盖了。如果把十字对准两格方块的中间部分，随着人物往上跳的高度改变，十字准星就会在脚底的方块与隔壁的方块之间来回移动。而这个时候只要按住鼠标右键，就可以同时快速地在两格之间往上盖了。这个方法在盖高墙，尤其是大型建筑物时，相当实用哦！

▲ 把十字准星对准两个方块的中间，边跳边盖，就可以一次完成两格的进度哦！

玩过MINECRAFT之后才知道什么叫好玩，用过网易考拉海购之后才知道什么叫划算

★ STEP 11
上段的蓝图

依据梯形设计图，塔身的上段部分直径有16格方块，所以这里再画直径为16格的圆形，来做塔身上段的设计图。

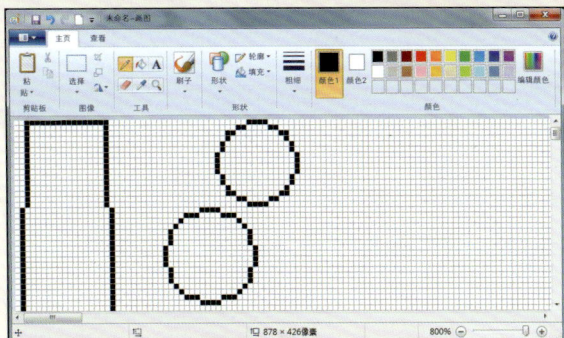

▲在"画图"中画出直径16格的圆形。

★ STEP 12
盖出塔身上段（一）

依照设计图，在塔身的中段上方，再加盖一层圆形，来作为塔身上段部分的基座。后面只要依照基座往上盖，就会很轻松，不用再一一确认圆形的外观了。

▲在塔身中段部分上方，依照设计图再加盖一层圆形。

★ STEP 13
盖出塔身上段（二）

可从最初的梯形设计图上看出，塔身上段部分的高度有15格，所以接下来要在刚刚加盖出的圆形上方，再盖出14层来作为塔身的上段部分。这里使用上一页所介绍的盖法，很快就能完成了。

▲把塔身的上段部分完成。

★STEP 14
灯座部分

塔身的部分盖好之后，就是灯座的部分了。这里先在塔身上方，再加盖一层宽度为两格方块的圆形，来作为灯座地板的外围部分。

▲在塔身上方加盖一层宽度为两格方块的圆形。

★STEP 15
加装楼梯

盖出一条可以直通灯座的楼梯。范例中使用的是梯子，不过可以随自己喜好加装水电梯等升降装置。虽然也可以盖螺旋楼梯，不过这种高度要盖螺旋梯的话，可能会头晕吧！

▲在塔身上加盖可以上下的楼梯。

★STEP 16
灯座地板

在盖好楼梯之后，就可以装上灯座的地板了。这里还是使用木材把灯座的地板填满，以便跟一楼所使用的地板材质统一。这里在装设的时候，可以随自己喜好加装楼梯间等设计。

▲利用木材把之前盖出的圆形填满，作为灯座的地板。

★ STEP 17
灯座栏杆

在先前盖好的圆形的外侧，加装栅栏当作灯座的栏杆。这个部分可以随个人喜好来改变，如果想在外侧走动，可以再拓宽灯座的部分，加盖出阳台。

▲ 在灯座的外围加装一圈栅栏。

★ STEP 18
灯座玻璃

盖好栏杆之后，在圆形的内侧加盖7层的玻璃。如果盖得太少，看起来会不像灯塔，要盖几层请自行拿捏。这里也可随自己喜好，加装几根柱子，来增加真实感。

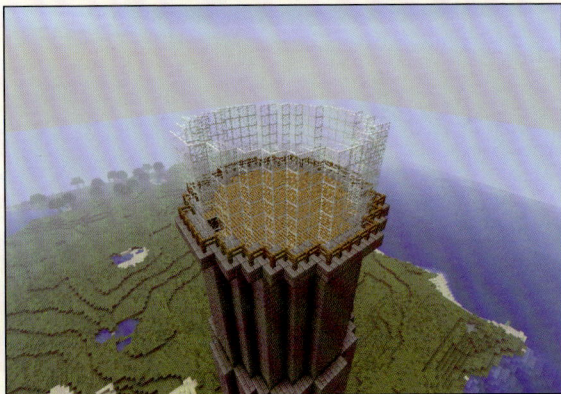
▲ 在栏杆的内侧加盖7个方块高的玻璃墙。

★ STEP 19
灯芯部分

灯座的部分算是大致完成了，接下来当然就是灯芯的部分了。在盖的时候需要留下能够活动的空间，在玻璃墙的内侧再盖出小一圈的发光体。范例中使用的是荧光石，随自己喜好也可以改用南瓜灯或是火把等发光物。

▲ 在玻璃墙里再盖出一圈发光体来作为灯芯。

★ STEP 20
灯座天花板

灯座部分完成后，接下来就是盖出灯座的天花板了。这里只要盖出一片能够覆盖玻璃墙的天花板即可，不过范例中又利用了石砖的半砖盖出屋檐的部分。

▲ 在玻璃墙上盖出灯座的天花板。

★ STEP 21
圆形屋顶

完成天花板之后，接下来就是以天花板为基座，依照前面介绍的建筑球体的方法，在天花板上方盖出半个球体来作为整个灯塔的屋顶。

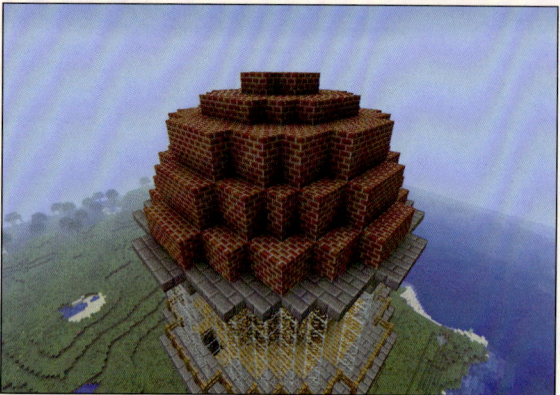

▲ 在天花板上方盖出半球体，来作为灯塔的屋顶。

★ STEP 22
修整外形

接下来别忘了还要对球体建筑做修饰，在每个侧面依照球体各层的设计图做些修饰。由于是半个球体，所以在对照的时候也要以半个圆形（设计图）来参考。

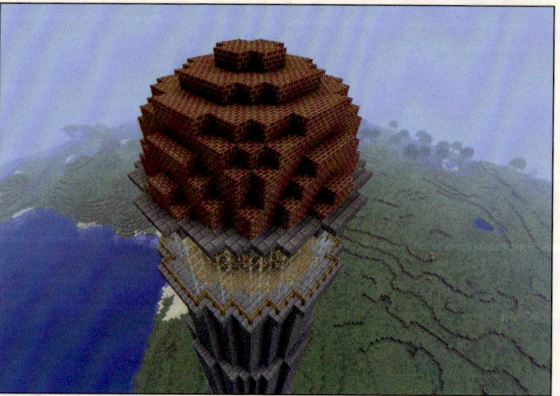

▲ 从侧面的各个角度修饰球体的部分。

★ STEP 23
修饰屋顶与天线

为了让屋顶能更加圆润一点，这里要使用半砖及阶梯做修饰，让屋顶更接近圆形。

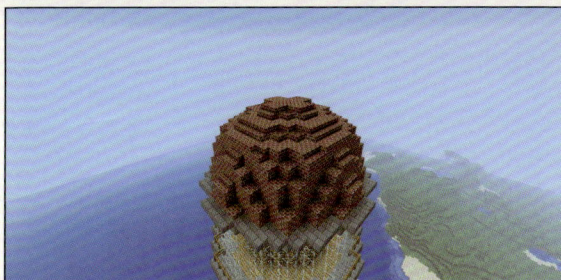

▲在利用半砖及阶梯修饰过之后，屋顶看起来就圆润许多了。

★ STEP 24
屋顶天线

屋顶的装饰中心是4格方块，在4格都加装上栅栏后，栅栏会自动连接而形成钢架，看起来就像屋顶的天线。为了晚上也能看见天线，在栅栏的顶端插上火把。

▲在屋顶加装栅栏及火把，让屋顶看起来更加逼真。

★ STEP 25
室外楼梯

最后一步是加装室外楼梯，利用半砖及阶梯就可以做出来。

到这里，灯塔就全部盖完了。

▲利用半砖及阶梯就可以做出室外楼梯的感觉。

▲作业到这里就全部完成了，灯塔到了晚上是不是更有气氛呢？

综合运用实例2：立体心形

接下来的单元中，要介绍的是立体的心形建筑。立体的心形乍看之下相当复杂，不过在学会了椭圆形以及球体的建筑方法后，只要使用"画图"，就可以盖出立体的心形！现在就来看看，立体心形是如何盖出来的吧！

▲只要学会椭圆形以及球体的建筑方法，就能够盖出立体的心形哦！

★STEP 1
取得蓝图

想要盖出立体的心形，一开始还是需要取得最基本的设计图。而"画图"的"形状"工具中，也有心形这个形状，所以直接使用"画图"画出一个心形即可。

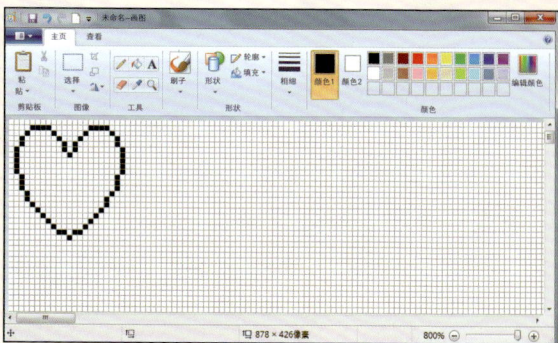

▲首先使用"画图"画出一个心形。

★STEP 2
调整形状

由于一开始画出的心形有点不太对称，很容易就会让最后的建筑物走样，所以这里使用"铅笔"工具来调整一下形状，使设计图能够左右对称。

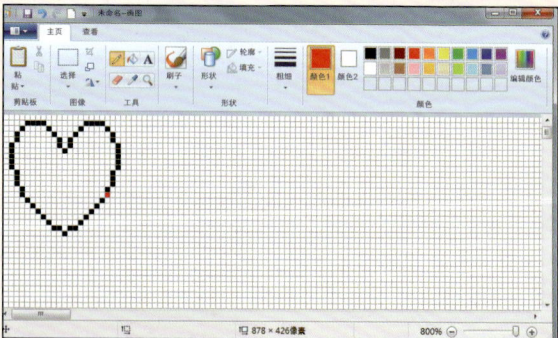

▲将设计图调整为左右对称。

★ STEP 3
盖出心形

在设计图画好之后，就可以直接在"我的世界"中盖出一个心形的框框，来做立体心形的基本框架。

▲ 首先盖出一个心形的图形。

★ STEP 4
画出第二层的蓝图

由于心形设计图中的最底层只有1格，所以不用额外再盖而是直接跳到第二层。第二层长度有5格，从这一层开始采用长轴与短轴为2：1的椭圆形作为设计图。因此要在"画图"中画出长短轴为5：3的椭圆形做设计图。

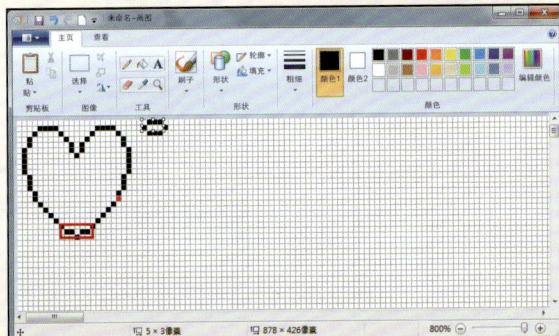

▲ 画出5：3的椭圆形作为第二层的设计图。

★ STEP 5
盖出第二层

依照设计图盖出第二层的椭圆形。在心形设计图中的第二层左右各有2格的宽度，这里空间太小，只盖1格即可。

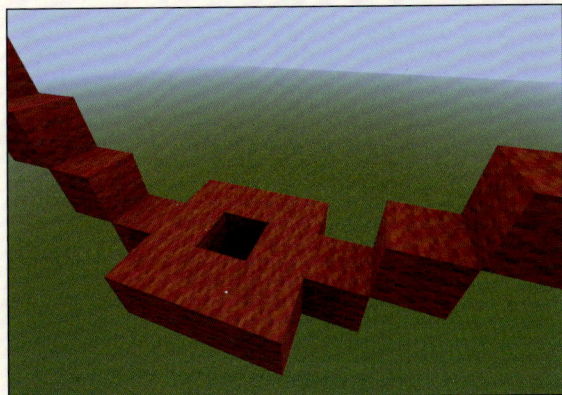

▲ 把第二层依照设计图盖出来。

★STEP 6
画出第三层的蓝图

由心形设计图得知，第三层有7格宽。依照第二层的规则，原本应该画出7：4的椭圆形来作为第三层的设计图，但是，如果椭圆形的短轴为偶数，会让中心位置出现偏移而让建筑走样，所以这里选择使用7：3的椭圆形来作为设计图。

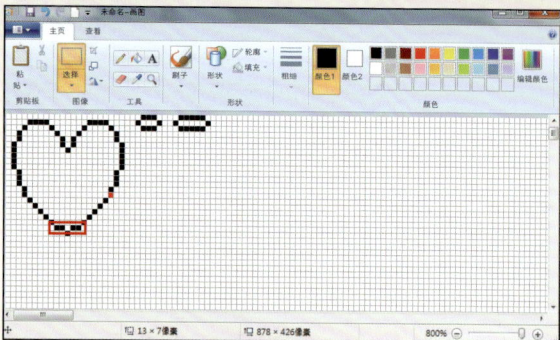

▲ 第三层采用7：3的椭圆形来作为设计图。

★STEP 7
盖出第三层

依照设计图来盖出第三层。这里的椭圆形短轴有着偶数的限制，所以后面椭圆形的长短轴比，还是在避免偶数的情形下，尽量采用2：1的比例。

▲ 依照设计图盖出第三层。

★STEP 8
盖出第六层

在第三层之后就按2：1的长短轴比例，以不出现偶数为原则继续往上盖，一直到完成第六层。

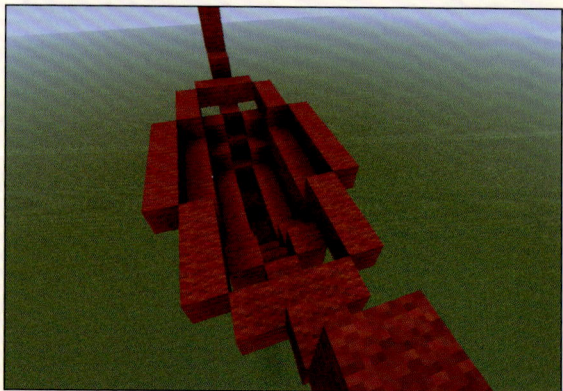

▲ 依照2：1的长短轴比例，一路盖到第六层。

玩过MINECRAFT之后才知道什么叫好玩，用过网易考拉海购之后才知道什么叫划算

★ STEP 9
填满缝隙

在第六层盖好之后，就会发现在角落里还是出现了缝隙。连球体等相当规则的形状都会出现缝隙，这更属于正常的。这里与先前一样，直接把缝隙填满即可。

▲ 把第六层的缝隙填满。

★ STEP 10
完成心形下半部

继续依照前面的规则，一直盖到心形的下半部分。再盖上去心形会分成左右两个心室，所以椭圆形只能用到这里。

▲ 椭圆形只能盖到心形下半部完成为止。

★ STEP 11
心室部分第一层

心形的下半部分完成之后，依照心形设计图得知，心室部分的第一层每一边各有11格宽（包含位于中央的方块），所以这里再画出直径为11格的圆形作为设计图。

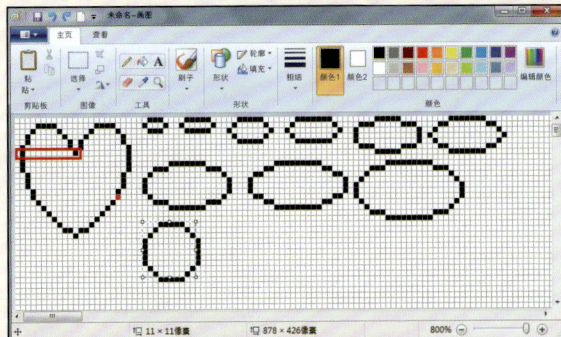

▲ 依照心形设计图的规格，画出直径11格的圆形作为心室第一层的设计图。

★STEP 12
盖出心室第一层

这里要注意的是，由于位于心窝部分的方块是两边心室的交集点，所以这里要盖出两个直径为11格的圆形，并且这两个圆形相邻的侧边是重叠的，盖出来之后会呈现"∞"形。

▲ 左右两边各依照设计图盖出一个圆形。

★STEP 13
心室第二层的蓝图

依设计图，心室第二层的直径应是10格，但是如果直径是10格，那圆形的侧边会变成偶数，从而造成外观走样，所以这里的设计图依然采用直径为11格的圆形，并且在横向的部分缩减1格，让侧面的方块数仍然符合奇数的原则。

▲ 为了不让侧面变成偶数，使用直径11格的圆形，并将横向部分缩减掉1格。

★STEP 14
盖完心室第二层

在心室第二层的蓝图完成之后，依照缩减格数的设计，盖出心室的第二层。这里别忘了，左右两边都需要各盖一个缩减的圆形（缩减之后应该算椭圆形吧）。

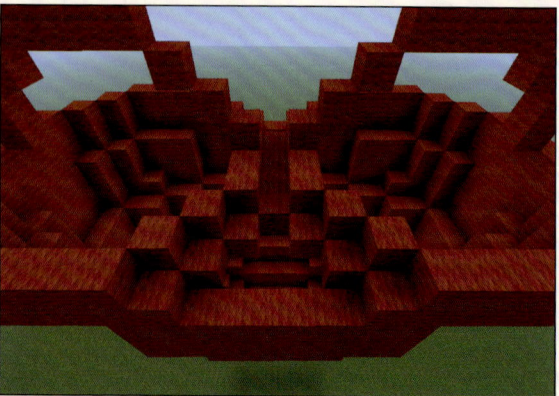

▲ 依照设计图盖出缩减后的第二层。

游戏我玩MINECRAFT，学习我用网易云课堂

★ STEP 15
完成心室部分

幸好心室的部分不要求为标准的半球体，依照前面制定的规则，遇到侧边是偶数格数的情况，就采用缩减设计，将整个心室完成。

▲ 在避免侧边出现偶数的情形下，完成心室的部分。

★ STEP 16
填满缝隙

在完成心室之后，内部还是有许多缝隙出现。在这个阶段，心窝的部分还未填补，所以这里可以利用心窝的洞进入内侧填补缝隙。

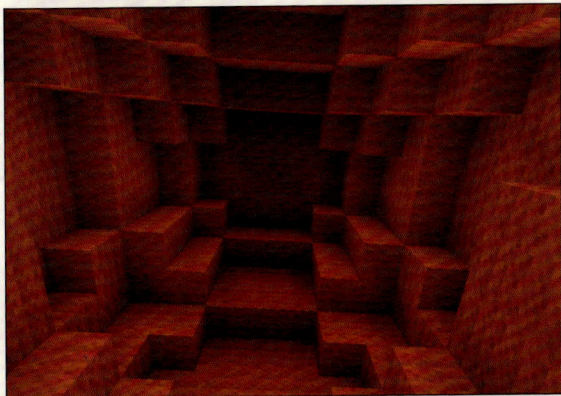

▲ 进到内侧把缝隙填满。

★ STEP 17
填满心窝

填满缝隙之后，到外侧把心窝的部分填满。这里要注意的是，如果直接填满，形状会有点奇怪，所以在填满后，要在外墙的中央再往下挖一格，让外观看起来比较接近心窝的部分。

▲ 将心窝的部分填满，并修饰出心窝的样子。

★STEP 3
拆掉方块

把屋顶的面积全部盖出来后，再把一开始的方块拆除掉就大功告成了。

▲ 把一开始盖出来作为基座的方块拆掉，整个屋顶就完成了！

屋顶的内侧

如果觉得屋顶内侧不太美观，可以将楼梯倒贴在屋顶的内侧，这样可以让内侧的线条更滑顺一点。这里屋顶的内侧，也就是房间内天花板的位置，可以用半砖或全砖盖出天花板。也可以走和式风格，在屋顶的内侧加上颜色较深的横梁，这样也别有一番风味呢！

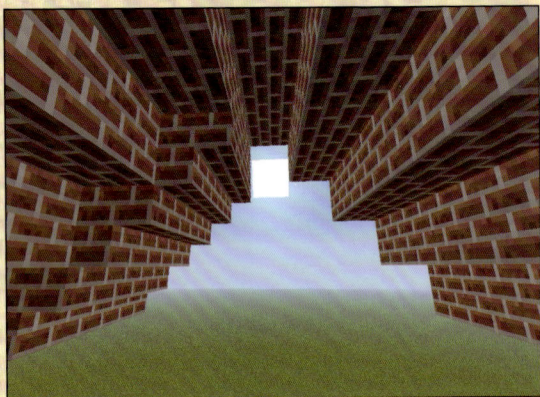

▲ 将楼梯倒贴在屋顶下方，可以让内侧美观许多。

▲ 图中为楼梯倒贴在屋顶下方后的侧面结构。

■ 屋顶的倾斜角度

屋顶的倾斜角度除了45度之外，也可以自己决定倾斜角度。例如著名的日式合掌屋，为了不让冬天的积雪压垮屋顶，将屋顶的斜面盖得相当倾斜。当然在"我的世界"中，屋顶的倾斜角度也不只有45度哦！

★STEP 1
画出蓝图

首先在"画图"中画出设计图。如果学过三角函数，就可以自己算出倾斜角度，需要将线条拉到哪个位置。

▲先在"画图"中拉出自己喜欢的角度。

★STEP 2
先盖出方块

依照设计图盖出方块。作为楼梯依附的方块，在盖好之后是要拆掉的。

▲依照设计图盖出一样角度的结构。

★STEP 3
上层方块

盖好方块后，用侧贴的方式，将楼梯贴到隔壁盖出屋顶来。不过这里只要贴上层的方块，暂时不用贴下层的部分。

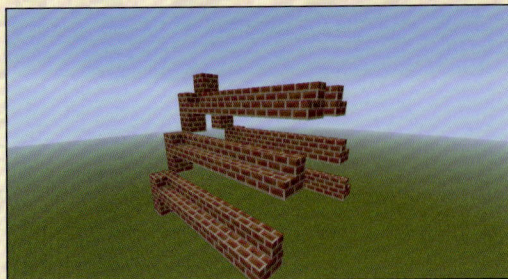

▲下层的方块先不要贴上楼梯。

★STEP 4
下层方块

下面的方块用倒贴的方式，将楼梯倒着往上贴，这样屋顶就会出现漂亮的角度了。

如果角度更加倾斜，出现三个方块上下相邻的情况，中间那层就直接用方块填上，变成图中的样子。

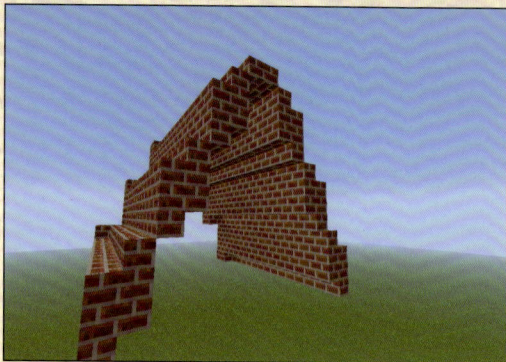

▲下层的方块部分用倒贴的方式，将留着的部分补满。

▲三个方块相连的时候，中间就要直接使用方块来盖。

★STEP 5
拆掉方块

最后只要再将一开始所临时搭盖出来的方块拆掉，倾斜度较高的屋顶就完成了。

▲高耸型的屋顶完成了。

玩过MINECRAFT之后才知道什么叫好玩，用过网易考拉海购之后才知道什么叫划算

■ 交错式屋顶

有些房屋的建筑方式是让房间彼此垂直，而且连接在一起，所以房间屋顶就会变得交错，像右图那样。在"我的世界"中大兴土木时，也多盖一点类似这种房屋，会让你的世界更加有趣哦！

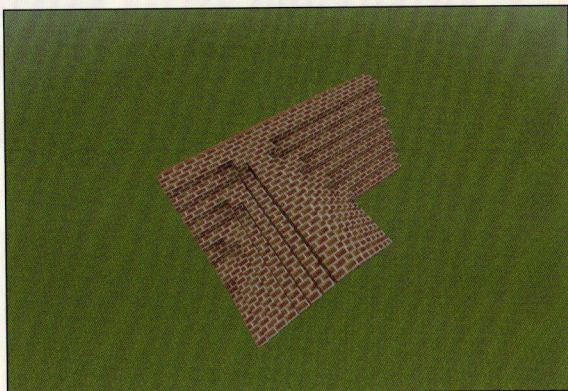

▲ 交错式屋顶外观。

★STEP 1
沿着屋顶加盖

首先在既有的屋顶上加上几个楼梯，做出要加盖部分的基础。这里先从屋顶的最底层开始加，一路往斜上角加盖，盖到屋脊的时候就会刚好碰在一起。

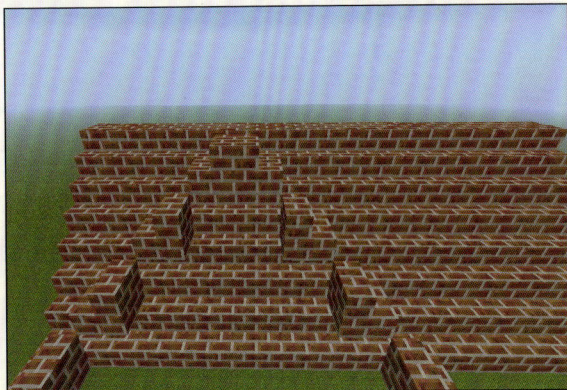

▲ 先在既有的屋顶上做记号。

★STEP 2
加盖屋顶

接着沿着做好记号的楼梯，往垂直方向盖出去。屋顶的部分也会呈现漂亮的T字形。

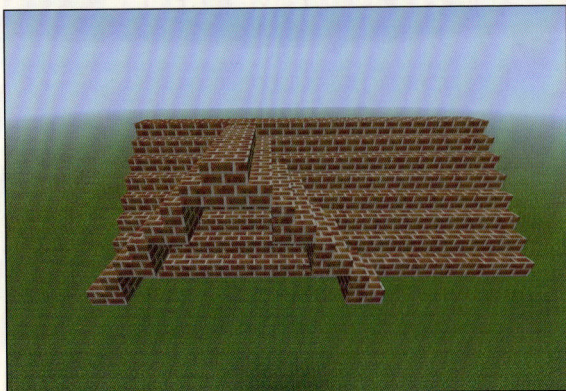

▲ 沿着做好的记号往垂直方向盖出另一边的屋顶。

★STEP 2
盖出老虎窗的屋顶

接下来依照前面介绍过的交错式屋顶的方法，盖出老虎窗的屋顶。这里要再确认一次，老虎窗整体要比原来的屋顶小一号。

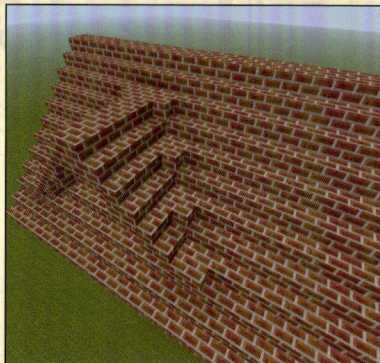

▲ 在屋顶上再盖出老虎窗的屋顶。

★STEP 3
挖空被覆盖的屋顶

老虎窗的屋顶盖好之后，要把被覆盖的原来的屋顶拆掉，以便加上窗户等装饰。虽然也可以不拆除原来的屋顶，但是还是要考虑到玻璃窗内的景观。

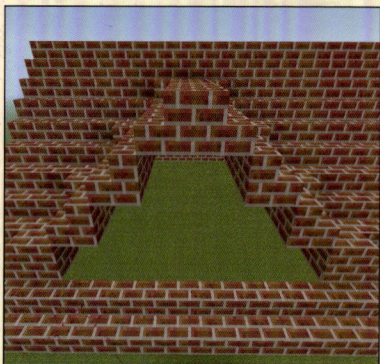

▲ 将原来的屋顶被覆盖的部分挖空。

★STEP 4
加上窗户与装饰

最后在老虎窗的屋顶中加上墙壁、窗户以及装饰等，老虎窗就完成了。当然这个部分可以结合自己的喜好，或是参考实际的建筑加以装饰。

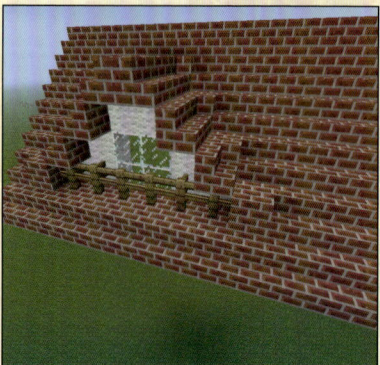

▲ 常在欧美式建筑上出现的老虎窗完成了！

■ 宫殿式屋顶

接着介绍的是比较特别的宫殿式屋顶的盖法。除了飞檐之外，还介绍了燕尾脊的盖法。这些特色屋顶常在庙宇处看到。因此除了宫殿之外，如果想要盖出庙宇建筑，一定要参考下面介绍的方法哦！

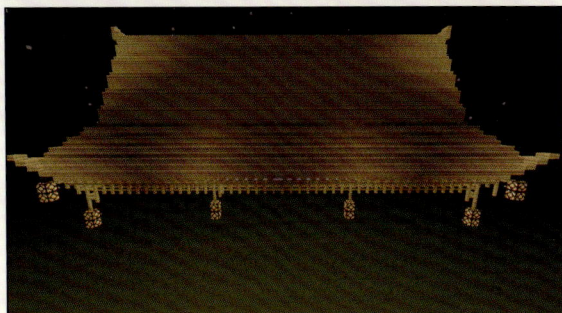

▲ 宫殿式的屋顶有一种说不出的美感！

★STEP 1
盖出上段屋顶

首先依照前面所介绍的方法，盖出倾斜度较高的屋顶。这里为了让屋瓦看起来像宫殿，使用了木材作为建筑材料。

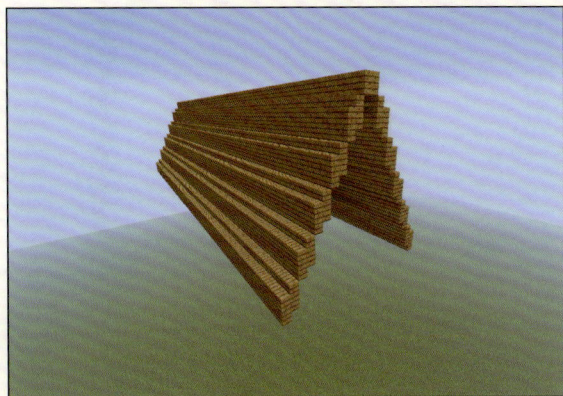

▲ 首先盖出倾斜度较高的屋顶。

★STEP 2
盖出方块

接下来为了盖出第二段倾斜度较为缓和的屋顶，要在第一段屋顶的下面，两边各盖五个方块作为第二段屋顶的基础。

▲ 在第一段屋顶的下方加盖倾斜度较缓和的方块。

★STEP 3
盖出第二段屋顶

使用前面介绍过的方法，接着在刚刚盖出来的方块的侧面贴上楼梯作为第二段屋顶。

▲利用刚才的方块盖出第二段屋顶。

★STEP 4
拆掉方块

第二段屋顶盖好后，一开始设置的方块就可以拆掉了。作业进行到这里，是否能够约略看出雏形了呢？

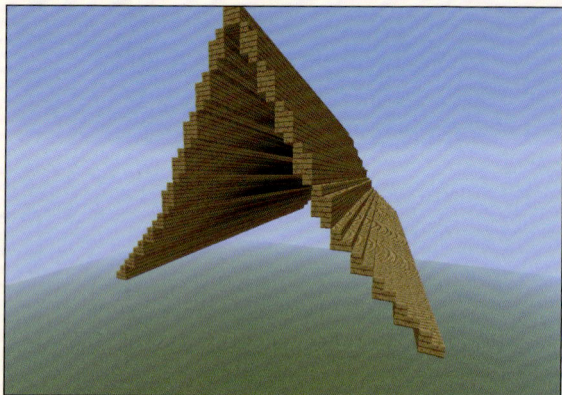

▲拆掉前面设置的方块后，就可以明显地看出两段屋顶的差别。

★STEP 5
延伸屋顶

以每一层多一格的比例，将第二层两边的屋顶延伸出去，让角度呈现明显的45度。这里的角度并不是固定的，也可以随自己喜好决定。

▲将第二层屋顶以45度的角度延伸出去。

侧面屋顶

　　将第二层两边延伸出去的屋顶连接起来，盖出侧面的屋顶。作业进行到这里，宫殿的形状就逐渐浮现出来了。

▲将两边延伸的屋顶连接起来，让侧面也有屋顶相连。

★STEP 7
填满缝隙

　　接着将屋顶的连接处所出现的缝隙填满。如果是1.4以上版本的玩家，可以直接使用楼梯来填满；若是较旧版本的玩家，则可以使用半砖来填满。

▲填满屋顶连接处的缝隙。

★STEP 8
更换方块

　　将第一段屋顶的内侧第二格"倒贴"的楼梯，全都换成方块，并且在第二段屋顶内侧也补上一排方块。这样侧面封起来后，就不会有缝隙了。

▲将屋顶内侧的楼梯换成方块。

★STEP 9
填满屋顶的开口

准备好之后，在第二格的位置使用白色的方块将屋顶的开口填满。这样让内侧留有一截屋顶，看起来会比较美观。

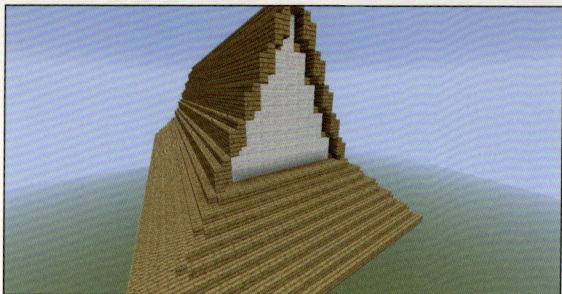

▲将屋顶的开口填满，这样屋顶的准备工作就完成了。

▲飞檐是宫殿庙宇中常见的设计。

★STEP 10
拆掉屋角

这里为了便于盖出飞檐，先把屋角的部分拆除。将屋顶最底层的檐角部分，分别拆到第三格。

▲将檐角的部分拆除。

★STEP 11
盖出飞檐

属于方块上半部的半砖在新版本中可以直接盖。如果是旧版本，就需要先在上方设置临时的方块，再以"倒贴"的方式设置上去。

▲利用半砖来盖出飞檐的设计。

玩过MINECRAFT之后才知道什么叫好玩，用过网易考拉海购之后才知道什么叫划算

燕尾脊

宫殿式屋顶的屋脊还有另一种特征，就是燕尾脊。除了宫殿式建筑之外，燕尾脊在闽南式建筑中也常常出现，除了大小庙宇外，也能在古宅中看到燕尾脊的设计。

▲闽南式建筑有着左右屋脊翘起来的设计。

★STEP 12
设置临时方块

因为一开始要在屋脊的两侧装上倒贴的楼梯，所以这里先在两侧设置两个临时方块，以便接下来设置突出来的屋脊部分。

▲先在屋脊的末端设置两个临时方块。

★STEP 13
屋脊突出部分

接下来使用倒贴的方式设置楼梯，完成后拆除临时方块，这样就可以看到屋脊的部分已经突出来，并且下侧也有弧度了。

▲用倒贴的方式贴上楼梯，让屋脊突出来。

★STEP 14
屋脊翘起

最后在屋脊突出来的部分，朝反方向设置一个楼梯，这样就能够让突出来的屋脊向上翘起。这里可以视建筑物的大小，再往外翘起一格。

▲再反向设置一个楼梯，燕尾脊的设计就完成了。

★STEP 15
加上檐椽

虽然屋顶部分已经完成，但是还要在屋檐下方加上一些装饰，让整体的感觉看起来更加逼真。这里利用倒贴楼梯的方式，来模拟屋檐下方一条一条的檐椽。

▲在屋檐下方倒贴楼梯，就可以模拟出檐椽的感觉。

★STEP 16
加上横梁

实际上的檐椽，是会沿着屋顶的倾斜角度连接到主梁的。不过这里没办法再模拟出来，所以要在后面加上一条横梁，让檐椽消失在横梁里，看起来就不会那么突兀了。

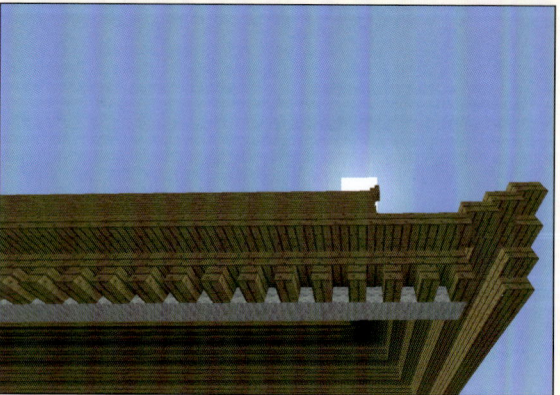

▲在檐椽后面加上一条横梁。

★STEP 17
双层斗拱

在比较讲究的宫殿式建筑中，屋檐底下通常都会有相当复杂的柱状结构，而这些用来支撑屋顶的结构就称之为斗拱。接着就将栅栏设置在横梁下方，并且将后排的栅栏加长，模拟出斗拱的感觉。加上斗拱后，整体看起来会更接近实物。

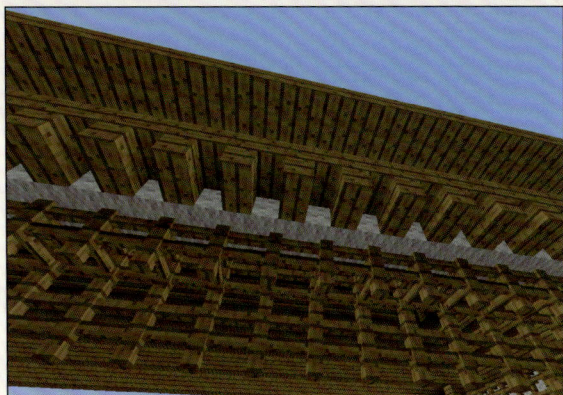

▲用栅栏模拟出斗拱。

▲屋檐下方通常会有许多柱状结构来支撑屋檐，而这种结构就叫作斗拱。

★STEP 18
屋角斗拱

加上斗拱之后，接着加长在屋角部分的栅栏，让斗拱多点变化，不会那么死板。这里也可以随自己喜好，让斗拱的部分有规律地变化。

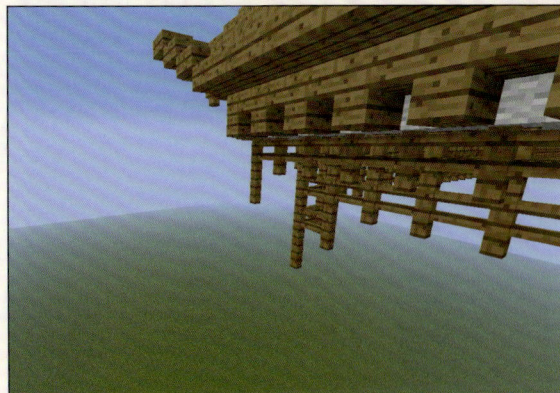

▲加上角落部分的斗拱。

★STEP 19
加上挂灯

　　最后在飞檐的下方加上栅栏以及红石灯，来模拟挂灯。为了与斗拱做出区隔，使用的是地狱栅栏。一般来说飞檐下方比较常悬挂的其实是风铃，在Minecraft中会比较难以模仿。不过也有人悬挂灯笼，所以就使用红石灯来装饰。

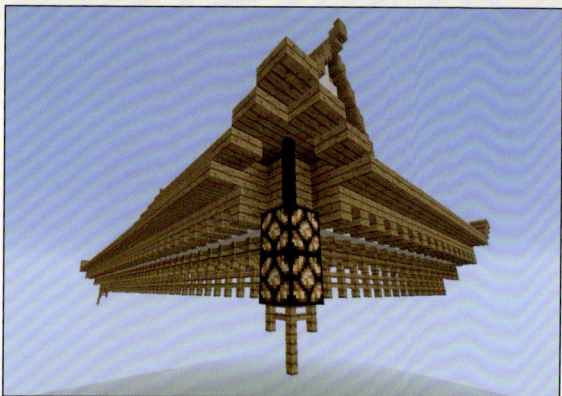

▲ 在飞檐的下方加上挂灯。

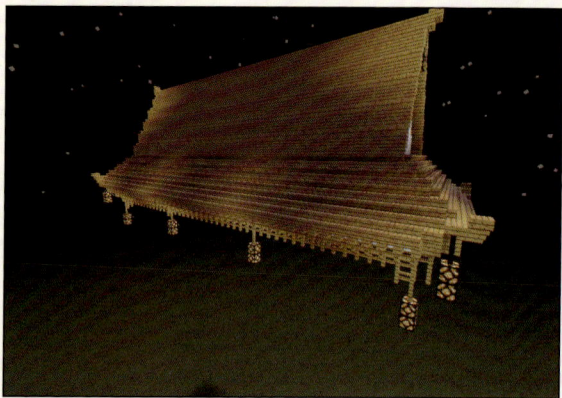

▲ 这样宫殿式的屋顶就完成喽！

重檐（宫殿式屋顶应用）

　　在宫殿式建筑中，还有一种称之为重檐的设计，也就是使用复数的屋檐重叠起来的意思。如果还有空间与时间，也可以利用前面介绍的方法，在下方再加盖一层或二层屋檐，让你的宫殿更加壮观哦！

▲ 双重的屋檐可以让宫殿更加漂亮、壮观。

■ 楼梯式的飞檐

飞檐除了可以用半砖盖出来之外，还可以利用楼梯角度来盖，所以

这里稍微占用一点篇幅来介绍楼梯式的飞檐。

★ STEP 1
加盖半砖

首先在屋顶的最底层外，加盖一层半砖，将屋檐往外延伸一格。不过在角落要留3格不要加盖半砖，以便后面的作业。

▲在屋顶上加盖半砖。

★ STEP 2
拆除部分檐角

接下来再拆除部分檐角。这部分的檐角虽然不会妨碍到建筑飞檐的作业，但为了美观，在后面还是要拆掉，所以先行拆掉比较好。

▲拆除部分檐角。

★ STEP 3
加装临时方块

拆除部分檐角后，加装临时用的方块。因为后面的作业需要将楼梯倒贴上去，所以这里要用临时方块作业。

▲在檐角的部分加装临时方块。

★STEP 4
盖出飞檐

接下来利用倒贴楼梯的方式，盖出飞檐来，角落的部分则是用半砖来设置。如果怕混乱，可以使用不同材质的临时方块。

▲利用半砖与楼梯盖出飞檐。

★STEP 5
拆除临时方块

飞檐设置完毕后，要拆除刚刚为了作业所设置的临时方块。拆除之后，飞檐内侧会留下一个空洞。

▲拆除刚才所设置的临时方块。

★STEP 6
填满空洞

最后用方块与半砖，将刚刚拆除临时方块所留下的空洞填满，这样楼梯式飞檐就完成了。

▲将空洞填满之后，整个飞檐就完成了。

Chapter 5

专访两大团队
MTW和红石口袋

Mayor Taiwan（MTW）&红石口袋两大团队耗时一年多集体创作的新RPG地图"盘灵古域"是一款以中国神话为背景，有着线上游戏特色的超大地图。里面除了有广阔壮丽的场景、建筑，还加上了许多独特的游戏特色，如副本探索、任务解谜之类的要素。而且游戏之中可选择五个不同的种族、三个不同的职业，每个都有各自的特色。

掀开 "盘灵古域" 的神秘面纱

相信关注台湾Minecraft建筑制作以及地图制作的玩家们对Mayor Taiwan（MTW）及红石口袋（RSP）这两个鼎鼎有名的团队都相当熟悉。在一次因缘际会下，笔者接触到了MTW的骨干成员阿宽兄，同时也发现MTW以及RSP这两个顶尖团队的所有成员们正齐心制作一款史无前例的Minecraft中国神话RPG "盘灵古域"，而且整个游戏世界的规模之大，绝对让一般玩家们想不到，根据MTW骨干成员内部评估，方块的总使用量高达百亿以上哦！这两个顶尖团队到底是何方神圣？让我们先来看看介绍吧！

▲ 你能相信这是Minecraft吗？别怀疑，这是由两大团队合作制作的！

Mayor Taiwan团队介绍

首先要介绍现在Minecraft游戏界里面的TOP团体 "Mayor Taiwan"。此团队成立于2011年4月18日，初期创团人数约20人。MTW成立的原因是团长佧沘受到国外建筑团体以及一些作品的启发，自发性地要组成一个建筑团队，团名Mayor Taiwan即台湾市长。

▲ MTW团队拥有很多大型建筑物的建造经验，也吸引了很多成员加入。

玩过MINECRAFT之后才知道什么叫好玩，用过网易考拉海购之后才知道什么叫划算

团队经历及加入方法

从创团至今，MTW团队在经历了多次共同建筑企划后，团队内的成员也已经扩编到了百人以上，而且每个成员都是身怀十八般武艺，从地形设计、建筑制作到绘制素材、内部装潢等全都一手包办。而且也做过非常多的大型建筑物，比如华丽的奥特冈城就是由此团队打造出来的哦！现在MTW团队虽然人数众多，但仍然求才若渴，期望有志于建筑或绘制材质的玩家们加入MTW团队，一同努力走向国际，成为世界顶尖！

▶ 不论什么建筑物，MTW都会做到精细，即使街景也一样。

如果各位读者接触了Minecraft游戏之后，对盖各式各样建筑非常有兴趣或者想更加了解MTW这个知名团队的作品、建筑等资讯，也可以加入他们的粉丝团及RC语音群与他们互动哦！

MTW网址: https://www.facebook.com/Mayortw RC语音群：4018

红石口袋团队介绍

接下来要介绍的团队虽然人数并不像Mayor Taiwan那么多，但是粉丝人数众多，且在Minecraft游戏界对红石系统的熟悉度是顶尖水平，任何红石相关问题都可以直接找他们解答，可以说是Minecraft界的红石博士，而这个团队就是鼎鼎有名的"红石口袋"，是由鱼干、水狼等知名玩家创立的，创立团队的宗旨也是为了发扬红石技术，让更多人了解这套系统。

▲红石口袋的人员都相当热心，也提供专业的红石技术咨询哦！

团队经历及加入方法

红石口袋团队除了平常在FB回答一些问题之外，也在网络上分享了很多红石教学影片，同时还经营了一个以红石知识为主的博客（Blog），有任何问题都可以问他们。当然他们本身也有许多有趣的作品，比如以轻松为主的"牧场物语"或充满恐怖气氛的"丧魂村"，当然这些地图之中都布满了各式各样有趣的红石机关。与MTW团队一样，红石口袋目前也在招收一些翻译或技术人员，只要年龄满18岁、热爱Minecraft，对于英文、红石制作编辑有自信的玩家都可以报名加入他们团队哦！

▲红石口袋有相当多教学影片，能让新手很快上手红石系统。

如果读者在玩Minecraft游戏时遇到任何红石系统上的问题，比如说线路铺设错误、想盖机关不知从何下手，或是想要了解红石口袋团队的成员以及作品，甚至是有志加入红石口袋团队，都可以找到他们的团队Blog、粉丝团，会有亲切的团长、成员来与粉丝互动，教一些独家的秘技哦！

红石口袋粉丝团网址：https://www.facebook.com/RedStone.Poke
blog网址：http://redstonepoke.blogspot.tw/

▶不论什么地图都会配上大量红石电路，这就是红石口袋的品质！

中国风神话RPG地图"盘灵古域"独家揭秘

"盘灵古域"地图是由传奇MTW以及红石口袋两个顶尖团队一同制作的，此地图的地形设计、建筑制作、外观内装都是由MTW团队负责，而地图的故事背景、种族设定以及一些任务、玩法等则是由红石口袋来负责。

▶"盘灵古域"地图以中国风RPG为设定，规模庞大。

■ 有如神话故事般壮丽广阔的地图

整个"盘灵古域"地图包括好几个大陆，制作上花了一年以上的时间，并且使用方块总数达百亿以上，即使就整个世界来说也是规模极大的一张地图。在"盘灵古域"地图内除了生存、探险、任务外，也有各种不同的副本让玩家像玩真实的RPG，想要完全过关得要兼具胆识、毅力与智慧哦！

▶在"盘灵古域"里有着各种不同的建筑场景，如中式城市就是一例。

当然，"盘灵古域"这款超巨型地图本身也有背景设定，是由红石口袋的水狼阳介编制的。故事描述我们从小到大都很熟悉的中国神话传说，其中有盘古创世、女娲补天、守护四方灵位的四圣兽（朱雀、玄武、青龙、白虎）这些耳熟能详的神话角色。以下就是这张地图的一些详细背景设定：

▶MTW团队除了对欧式建筑相当熟悉外，盖中式建筑也相当考究。

■ "盘灵古域"故事背景

相传太古之初盘古开天辟地，而盘古死后身躯化为山川，双眼化为日月，让宇宙运转、万物生长。在这块由盘古孕育的大地上，以神族为首的五个种族相继出现，彼此之间有冲突有合作，直到神族派出四圣兽镇守四方，维持洪荒大地的秩序之后，动乱才渐渐平息下来。

▶太古创世以来，四圣兽一直守护着这块大陆的秩序，使其免于陷入混乱之中。

在历史上的某一天，四圣兽突然从各自的领地中消失了，没有人知道它们为何离开，也没有人知道它们去了哪里。四圣兽留下的结界虽然依然维持运转，守护这块大陆的和平，但是近年来，结界的力量越来越弱，似乎昭示着混乱又将再度席卷这块盘古所创的土地……

▶虽然四圣兽的神庙仍然存在，但最重要的四圣兽已消失不见，而动乱也即将来临。

■ "盘灵古域"五大种族介绍

游戏之中有不同的五个种族，分别是神族、人族、仙族、妖族、战神族，玩家在进入游戏之后即可选择自己要用的种族。每个种族也都有各自不同的建筑风格、故事背景，各种族都有自己的特殊优势以及所属阵营，这在游戏中是相当重要的。以下是"盘灵古域"五大种族的详细资讯：

▲ 地图里有不同的种族可以选择，且每个种族的建筑风格也都不同。

"神族"故事背景及种族特性

神族是上古神祇"盘古"后裔，寿命与天地共享。神族拥有强大的力量，并且肩负着维护世界秩序的责任，四圣兽在神族的统领下守护着世界的和平。

神族起源于天地，因而自视甚高，和其他种族的交流并不频繁，相对来说仙族的族人和神族比较熟悉。

▲ 神族是盘古创世后就存在的种族。

流传于诸神血脉的生命力

神族的祝福是"盘古的血脉"，一出生就拥有强大的生命力，血量比其他种族多。神族的成员通常较容易在混乱的战场中生存下来。

▲ 神族建筑大多金碧辉煌，看起来相当华丽。

"人族"故事背景及种族特性

人类虽然不像其他种族那么强壮，却主宰了这个大陆的大部分地区。凭借快速的繁衍和领土扩张，持续地发展着属于自己的文明。

但是因为自然环境的开发，人族和崇尚自然的妖族常常发生冲突，近年来局势更加严峻，两族之间已经到了剑拔弩张的地步。

▲人族的历史虽然不长，但足迹遍布整个大陆。

由女娲所赐予的强大的适应能力

人族和人类飞升后形成的仙族相当友好，因此仙族也常帮助人族抵御妖族的侵犯，共同建造的"皇城"就是两族合作的例子。

人族的祝福是"女娲的守护"，一出生就拥有减免部分伤害的能力，因此人族的冒险者们通常比较容易在险峻的状况下存活。

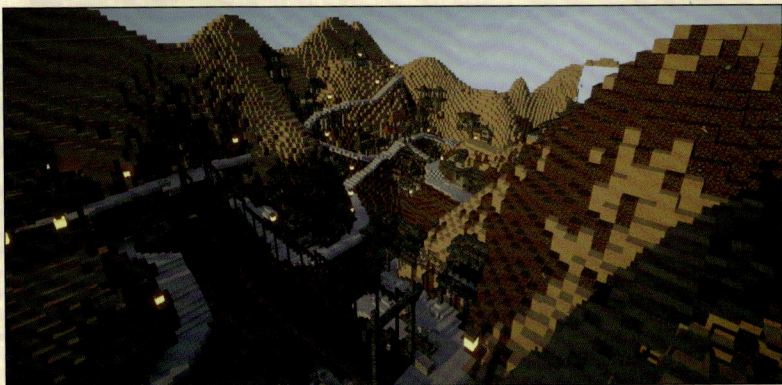

▲人族起源于女娲，所以建筑风格也跟土、水相关。

"仙族"故事背景及种族特性

有些人类发现，只要修炼之后，就能获得强大的能力并延年益寿，于是这些专精于修炼的人们，在一处凡人到不了的高山上，建造了一个让修真者互相交流的城，并自称为"仙人"。

仙族常常修行自己的道法，也因此非常善于炼制丹药以及使用阵法。炼制丹药往往要使用妖怪的魂魄，所以仙族建造了"镇妖塔"，用来存放从各地抓来的妖，因此妖族对仙族有着很深的仇恨。

▲ 仙族是超脱世俗的人类所组成的群体，大多居住在高山之上。

修行得道后的超凡跳跃力

仙族是由得道的人族修行之后所转生的种族，一出生就有着仙风道骨以及超脱世俗的力量。仙族的祝福"鸿钧的拂尘"可让他们如踩着踪云梯般跳到一般人到不了的高度，可利用战场的地形扰乱敌人。

▲ 仙族建筑物大都气质高雅，有种世外风格。

玩过MINECRAFT之后才知道什么叫好玩，用过网易考拉海购之后才知道什么叫划算

"妖族"故事背景及种族特性

妖族是一个崇尚自然的种族，是集日月精华所生，认为所有的事物都要遵循世界的规则和循环。近几年妖族的居住范围饱受人族的侵略和威胁，虽然妖族的能力强大，但是敌不过人仙两族的联手，可以活动的空间越来越小。

妖族除了面临居住范围缩小的问题之外，崇尚炼制丹药的仙族还建造了"镇妖塔"四处捕捉妖族族人。

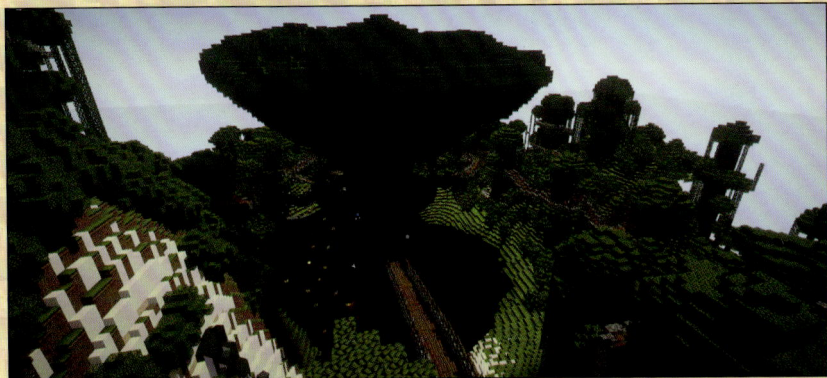

▲ 妖族是从日月精华中诞生的种族，崇尚自然环境。

于大自然中诞生的迅捷移动力

人仙两族的外患以及妖族内部大长老的无故失踪，使得妖族中弥漫着紧张的气氛，妖族族人们也希望新成员的加入能改变他们面临的困境。妖族的祝福是"世界的意志"。妖族在大地上能够跑得比其他种族快，因此可以快速地穿梭于各个城镇之间。

▲ 妖族建筑的特性即大多建在巨树之上或者巨树内部。

"战神族"故事背景及种族特性

战神族的起源没有人知晓，传闻战神族与神族有着数不清的纠葛，但无人知道隐藏在历史背后的真实故事。

战神族所居住的环境比起其他种族更加恶劣，多是寸草不生的熔岩、焦土，在此种恶劣环境下成长出来的战神族相对也拥有比其他种族更加强大的战斗能力，知道如何给予对手致命的一击。

▲战神族极少出现在其他种族面前，充分展现低调的特性。

如阴影般强大的潜伏作战能力

战神族的祝福是"蚩尤的影护"，战神一族擅长潜行作战，只要他们不出手，敌人便不知道他们的位置，甚至感觉不到其存在。

▲战神族居住在资源贫乏的区域，建筑非常简陋。

　　　　游戏我玩MINECRAFT，学习我用网易云课堂

■ "盘灵古域"三大职业相关设定

在"盘灵古域"这张地图里面，跟大多数的线上游戏一样，除了分种族之外也分职业，玩家进入地图后选择种族时还可以选择自己的职业。游戏中共分战士、弓箭手以及炼丹师这三种职业，不同的职业除了攻击、防御能力不同之外，也都各具特色哦！以下是三大职业的详细资讯：

▲ 地图里有不同的种族可以选择，且每个种族的建筑风格也都不同。

"战士"设定

战士是身穿重型护甲，手拿武器，与敌人贴身硬碰硬打肉搏战的职业。战士的攻击速度相当快，同时防御力和生命值高，通常在队伍中担任前锋的角色，保护其他队员，避免被敌人盯上。依照武器、装备的选择还可以分为偏重攻击速度型或偏重防御型。

▲ 战士擅长近身战斗，所以训练所也设置了木人供训练。

"弓箭手"设定

弓箭手是利用强弓与利箭来攻击远方敌人的职业，其攻击速度相对战士来说比较慢，攻击力却相当高。弓箭手本身的缺点是防御力和生命值都偏低，而且在瞄准敌人的时候移动速度会大幅下降，因此移动及射击的技巧相当重要。在队伍中担任主要的伤害输出角色。

◀弓箭手似乎拥有自己的武器库。

"炼丹师"设定

炼丹师是利用各种丹药来给敌人伤害或负面效果，同时恢复同伴生命力和正面效果的职业。炼丹师是唯一一种可以炼制丹药的职业。这些丹药的效果非常强大，不过也需要消耗相应的材料来炼制。

炼丹师只有一种武器"炼丹炉"，虽然没办法给敌人多少伤害，但是可以暂时击退他们，获得喘息的空间。也因为炼丹师本身能力着重在丹药上，所以平时收集材料、炼制丹药才能确保自己丹药够用。

◀炼丹师平常得自己收集材料到炼丹炉制作丹药。

■ "盘灵古域"地图试玩抢先看

看完了"盘灵古域"内精心设计的种族及职业介绍后，相信读者们一定对"盘灵古域"这块地图的游戏内容十分好奇吧！虽然地图还在修改当中，但在征得MTW团队及红石口袋团队同意后，终于可以先让读者们看看"盘灵古域"地图内的各种场景，并介绍此地图内的一些玩法了！

▲就像一般线上游戏一样，在"盘灵古域"地图内可以做很多不同的事。

★ 浮在天空之中的种族选择区

首先在游戏开始时，玩家进入"盘灵古域"地图后会来到选择种族的空中区域，在此区域内可以看到五条不同的分歧道路，每一条道路上都有一个不同的建筑物，从建筑物上就可以知道这是什么种族。

▲游戏刚开始会在空中岛屿上，可选择自己的种族。

★ 不同建筑风格对应不同的种族

举例来说，由于神族出身华贵，而且自尊心很强，不容许不华丽美观的建筑存在，因此其建筑风格也偏向皇宫，有金碧辉煌的外观。刚进地图的玩家想要选择神族的话，可以往外观最华丽的建筑移动。而战神族的背景设定是出生在遍布熔岩及焦土的不毛之地，因此往外观看起来最有"霸气"的建筑物走就对了！

▲选择种族时要三思，因为选了就不能换喽。

选择完自己的种族之后要选择职业，在职业也选择完后就会被送到各族的新手村内部。新手村内会依照各族的故事背景安排许多任务，选择该种族的玩家们需要在新手村内完成一开始的任务才能离开。

▲在每个种族的新手村内都有一些任务，完成后才能离开。

★ 壮丽宏伟的主要城市"皇城"

玩家将新手任务都完成后就可以正式踏上冒险之旅。每个新手村内都会有传送阵，让玩家抵达"盘灵古域"主要大陆的唯一都市"皇城"。皇城是一个占地广大、功能齐全的城市，在游戏内扮演着主要大陆世界的权力、贸易中枢，各族的成员都会出现在皇城上自由交易，并增强自己族在皇城的影响力。

▲离开新手村后会传送到主要大陆的重要区域"皇城"。

皇城分为数个区域，其中最大的区域是位于皇城的北边、占地最广的区域"皇宫"。皇宫，顾名思义，即皇帝所居住的地方。在此区域，除了金碧辉煌的皇宫正殿之外，也有后宫、偏宫、花园、禁卫兵营等区域。

▲皇城内有很多个区域，而其中最大的就数皇宫了！

★ 皇宫内的主线任务、支线任务

由于游戏中的皇宫是属于比较中立的区域，因此各族人都可以自由进出，也可以从皇宫内接到一些跟四圣兽相关的主线任务或是其他有趣的支线任务，比如在后宫内会有一些有趣的小任务让玩家可以了解皇室之间的八卦。

▲在皇城内有许多不同的任务，包括主线任务以及支线任务。

皇城之中并不只有皇帝所居住的宫殿，也包括了一般平民、富商贵族所居住的区域。在皇宫以外分为靠近西边城门的平民居住区以及靠近东边城门的富人居住区。平民不像富人一般有钱有权，玩家可以看到各种平民居住的小型中式砖瓦屋相邻而盖。

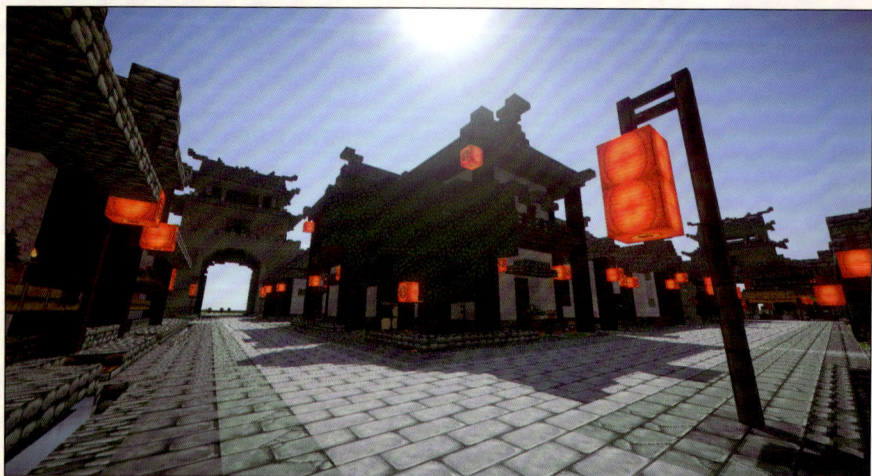

▲皇城内除了皇宫外，也有像一般古代都市的市集或民宅。

玩过MINECRAFT之后才知道什么叫好玩，用过网易考拉海购之后才知道什么叫划算

⭐ 华丽的富人豪宅区以及实用的职业训练所

靠东门的富人居住区除了每一家每一户的规模都较大较气派之外，更特别的是，此区域会有各个职业的训练所，玩家可以在训练所磨炼一下自己的技艺。炼丹师想要炼丹，也得通过训练所内炼丹炉才可制作哦。

▲在富人区域内的每个职业训练所风格都不同。

皇城内随处可见的除了民宅之外还有各式各样的商店，比如一般贩卖汤面、水果的路边摊贩，或者是一些大型店铺如专门贩卖药水的药水店、专门贩卖武器护甲的装备店。当然，一些特殊的商店如旅馆、青楼也都完整呈现在游戏之中，就像古代大城市一样有多种不同的面貌。

▲市集区除了商店外也有摊贩，可以买到各种商品。

★ 多功能的交易市场

另外，在游戏中除了跟商人买卖道具、食物、药水、装备之外，平时自己也可以收集各种不同的原料来制作各职业所能用的武器、装备。收集完原料后只要到一些大型店铺内，就可找到熔炉、铁砧来打造装备。简单说，你想到的东西都能在交易区内买到，连各种不同的坐骑也能够在马厩里面买到。在交易区有大型告示牌，可以知道区域内有谁发布任务。

▲城门两侧都有告示牌，可知道一些游戏内的任务。

最后再补充一个皇城的特点，就是此区域在游戏之中是唯一一个安全区域。在游戏故事背景中，因为四圣兽的消失使得其他区域渐渐陷入危险与混乱之中，而皇城内警备相当森严，所以此区域不论白天或晚上都不会出现怪物哦！

▲皇城内即使晚上也是灯火通明，不用担心被袭击。

游戏我玩MINECRAFT，学习我用网易云课堂

★ 广阔大陆上不同的环境与场景

介绍完皇城之后，现在让我们看看"盘灵古域"地图主要大陆上其他区域的地理环境以及风貌吧！在皇城所在的大陆上遍布各种美景，有美丽深邃的山中湖泊、遍布黄沙的荒野大漠，有巍峨高耸的冷寒雪地，也有隐藏在茂密丛林之中的林间村落。每一个区域都是经过精心设计的。

▲皇城外依方向不同有沙漠、森林、雪山、湖泊等地形。

在"盘灵古域"地图内，游戏主线的剧情是找出四圣兽消失的秘密，玩家需要在这广大的主要大陆之中到处寻找四圣兽的踪迹。所幸的是在主要大陆的某些村庄过去有到四圣兽圣坛祭拜四圣兽的习惯，只要找出这些失落的村庄就可以得知通往四圣兽祭坛的方法。

▲在皇城外也有很多人定居，可以一边沿路前进，一边打探消息。

★ 兼具宏伟与精细、耗费大量心力精心制作的四圣兽雕像

只要在游戏中找到了四圣兽的祭坛，就可以被带往四圣兽的雕像。每一个雕像都有专属中国神话的一些特色，比如栖息于梧桐树上的朱雀、盘踞于山谷之中的青龙、拥有美丽外形及可怕尖牙的白虎，以及有着龙头、龟身、蛇尾的玄武，每一个四圣兽的祭坛都是精心设计、一格格雕刻出来的成品。

▲只要走对方向找对地方，就可以找到四圣兽的雕像。

每一个雕像的中央或内部可以看见四圣兽的主庙，在主庙内有通往四圣兽副本的入口，玩家需要完成副本的试炼才能找出四圣兽消失的原因。副本内的考验内容也非常多，有动脑的智慧试炼，也有需要挑战个人技巧的力量试炼或者是耐心试炼，每个圣兽的副本都是精心设计的，玩法非常有趣且多变。

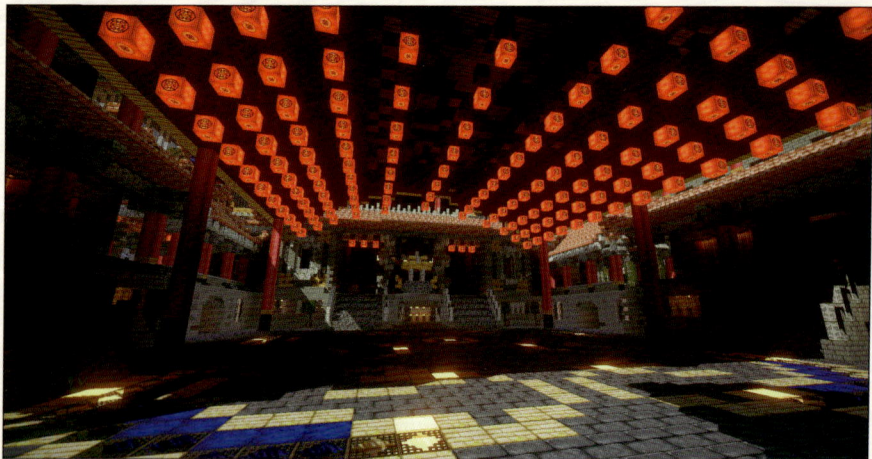

▲每个四圣兽神庙内都可以接受试炼，当然试炼内容都不同。

★ 种族阵营与副本任务

除了四圣兽区域之外，游戏之中还有很多特殊的副本，比如在仙族、妖族历史背景中出现的镇妖塔就是其中一种，而副本任务也会因为玩家的种族不同而有不同的任务，比如人族、仙族在接到任务进入镇妖塔后单纯就是为了收拾里面的妖族，但妖族接到任务后可能要设法解救里面的同族人。

▲除了主线四圣兽外，还有很多其他的副本，如镇妖塔就是其一。

游戏中不同种族的设计，也有各自的一些阵营声望，如人族、仙族在镇妖塔中残杀妖族会使妖族的NPC对人族、仙族的玩家感到反感，也就不会给予人族、仙族的玩家任务，而相对的妖族如果将同胞从仙族手中救出来也会让仙族大为光火，同样的也就不能从仙族NPC处取得任务了。

▲根据MTW及红石口袋透露，完成镇妖塔任务会影响整个世界！

★ 用心探索世界、发现隐藏区域及副本

最后要特别说的是，在"盘灵古域"内除了主线任务之外，有许许多多的地方也有可能藏着特殊任务或者是迷宫、秘室，这些探索解谜的地方也是游戏之中的一个乐趣。比如在"盘灵古域"地图中的森林步道上，可能隐藏着通往副本的入口，也可能通往无人知晓的世外桃源哦！

▲在"盘灵古域"中有很多特殊区域是要仔细寻找才能进入的。

这些隐藏要素有可能会得到特殊的武器装备，或者是可以从神秘NPC处购买其他地方所没有的材料哦！以上就是本次"盘灵古域"的抢先试玩心得。根据MTW及红石口袋团队透露，此张地图可能会在不久后发布，相信到时候玩家就能玩到此款超高水准的RPG地图了！

▲虽然"盘灵古域"现在还没发布，不过相信不久之后就能玩到了！

MINECRAFT是最好玩的游戏，网易新闻客户端有最时鲜的新闻

　　看完了"盘灵古域"这张地图的完整资讯后，读者们一定很想知道MTW&红石口袋这些幕后英雄在制作地图时的一些秘技以及经验之谈吧！本次试玩结束后特地邀请MTW团队以及红石口袋团队接受编辑部的采访，读者们也可以知道两团队在制作地图上所花的人力资源以及一些秘密哦！

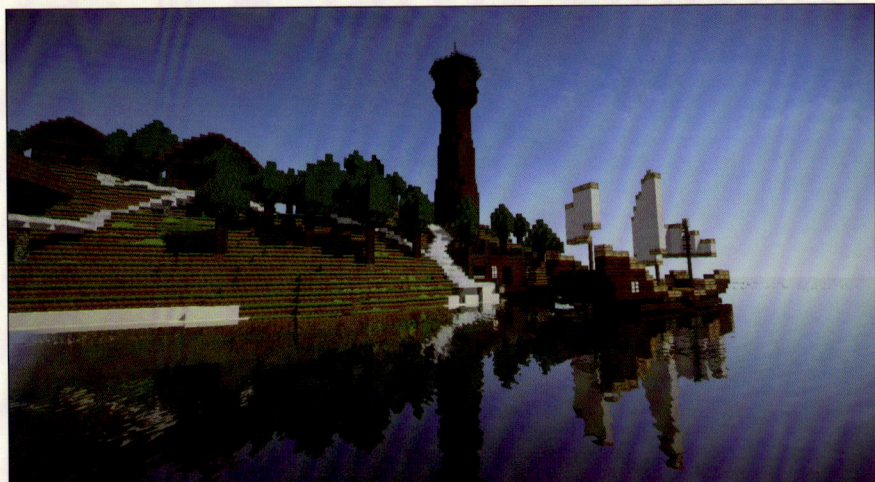

▲制作"盘灵古域"花了两团队非常多的时间，也有很多趣闻。

■ 制作"盘灵古域"地图起因及过程访谈

　　本次采访的对象包括"盘灵古域"主要企划者红石口袋的水狼阳介，以及制作"盘灵古域"地图的MTW的一些骨干，有KY、阿宽、猫乐、Rocker等人，以下就是制作"盘灵古域"的一些访谈内容：

◀地图上有很多玩家看不到的地方，但是都很用心去制作。

首先想请问水狼阳介，为什么会想要制作"盘灵古域"这种中国神话风的RPG地图呢？

水狼：因为我本身是一个地图创作者，然后知道国外有很多很棒的地图，且都一直不停地出，所以那时候我就想，我何不试着去做一个以中国文化还有神话故事为背景的冒险地图？那个时候因为很少有游戏可以实现我们做一个自己的世界并且能让很多人进去玩的梦想，所以就想要用Minecraft来做。

在那段时间又跟MTW的成员有一些认识，觉得他们的地图作品做得也很棒，就刚好询问一下MTW这边的意见，愿不愿意一起合作。因此这张地图就出现了。当然过程中还做了非常多的修正，原本起初的样子跟现在的样子差很多，但是我觉得这样的改变是很棒的。我们希望这张地图是玩家可以扮演自己所代表的那个种族跟角色，然后跟其他玩家互动并且共同去探索这张地图，发现最后的秘密。原本的设计其实可能只有八到十人在制作，后来地图制作越来越大，不但地形、场景全都加大，就连背景故事也增加了不少。所以现在以规模来讲，"盘灵古域"已经可以算是一个小型的线上游戏了。

背景和神话故事部分就采用了很多中国神话的元素，像女娲、盘古这些，所以玩家在里面会看到非常多以往曾经听过的神话故事，但是可能那些神话的角色在这张地图里面所扮演的角色跟背后的故事又是另外一件事情。也是想要突破一些我们对于中国神话传统的

▲Minecraft地图像中式风格的建筑数量很少。

▲"盘灵古域"在制作前就已经完成了故事的设定，所以完成度相当高。

玩过MINECRAFT之后才知道什么叫好玩，用过网易考拉海购之后才知道什么叫划算

印象，然后做一些创新。其实我个人觉得MTW很厉害，因为在之前他们大都是以欧式风格建筑为主，这次突然要尝试中式建筑，但仍然可以盖出非常大的规模以及有极高的完成度，超出我本人的想象。

▲地图场景是由MTW全力支持，耗时非常久。

两团队的分工与进度安排状况

请问在"盘灵古域"这张地图里面，MTW及红石口袋两个团队怎么划分工作？进度又是如何安排的呢？

水狼：我们RSP团队在这张地图中接的是建筑、场景之外的所有东西，包括世界的架构、剧情、任务、NPC等杂七杂八的一些工作。至于MTW部分则是主世界的地形架构等，详细的部分可能要由MTW成员来解释一下。

在制作地图上，其实就人力来讲我们团队是有些不足啦，所以进度一向很缓慢。而原本的构想是我们RSP是技术团队，而MTW是建筑团队，我们可以合作来创造这张地图。进度上，在我们红石口袋这里告诉MTW有需要的世界外观、场景建筑，接着MTW他们就开始进行地图制作了，整张地图光是MTW制作外观场景就已经花了半年以上的时间，不过他们现在已经完工了。

之前提过红石口袋在这张地图主要负责系统部分，所以剩下的就是把所有电路、所有的NPC还有剧情任务什么的搬进里面去。所以以进度来讲，是先由MTW来盖场景，完成之后再由红石这里做善后跟收尾的工作。

◀"盘灵古域"地图场景已完成，未来红石口袋将负责系统的制作。

MTW的"盘灵古域"地图建筑流程

阿宽：好，现在轮到我们MTW这里说明一下地图制作的方式，这部分就由团内的骨干KY来介绍。

KY：好，我大概介绍一下。当初水狼把故事情节给我们后，就像他所说的分成了各种不同的种族，每个种族都要盖出一个新手村庄，而每个种族的建筑风格也都比较不一样，除了五个风格不同的新手村之外还添加了主要的大陆，有主城及不同的场景，如森林、瀑布、沙漠、沼泽地这类都会有。在地图建设上会有不同风格的呈现，如副本的入口或者是不同风格的村庄。还有最重要的，盖出了四种圣兽的雕像及神庙来代表，还有跟剧情息息相关的圣山。

那请问在"盘灵古域"地图中，目前所制作最大的场景建筑是什么呢？是刚提到的四圣兽或圣山吗？

阿宽：我这样讲好了，四圣兽跟圣山还不算是最大的场景建筑。每个圣兽都会有一个独立的副本。其实我们MTW也是第一次被委托，从一开始订出来的地图到最后修正后的地图，大小整整差了两倍多，比如最大的一个圣兽方块数目是三千多万个，而这还只是一座"雕

▲在制作中常会有看起来不满意打掉重做的情形。

▲建筑风格及完成度是MTW最重视的，像四圣兽雕像即是一例。

游戏我玩MINECRAFT，学习我用网易云课堂

像"，光是要搬这个雕像到服务器中就当机了好几次。其实这次困难的制作点对MTW成员来说，中式的建筑真的是一个很新的尝试，当然我们不能说就是以中规中矩的方式去盖中式的建筑，因为水狼给我们脚本的定义还有场景的设定，都加入了一些奇幻的元素在里面。所以我们必须参考很多历史资料还有中式建筑的资料，要上网找影片图片，然后设计从基本的骨架开始，学习盖中式的建筑，再把它变化，变成具有独特风格的建筑。

而除了上述一开始对中式建筑不熟的问题之外，还有很多其他的难题，比如说设计场景跟地编。每一个负责的人都会绞尽脑汁，也因为这是我们第一次接这么大型的任务，而我们也想发挥不认输、勤劳的精神来制作这个地图。虽然不知道能做出多高的完整度，或许不能跟真正线上游戏相比，但还是尽我们所学来完成这个地图。而制作的执行过程真的很长，每个人在盖的时候常会因为意见不一或者是建筑难度过高而有不少压力。其实这张地图原本预计是在7月份全部完成，但种种因素下拖了不少时间，不过现在终于把场景、建筑都完成了。

在制作"盘灵古域"地图时，地图建筑制作是怎么执行的？是由少部分去制作还是团队整个投入下去盖的呢？

阿宽：都有。就是在找资料出来后会有一个试盖的过程，然后在试盖的过程中大家就会讨论建筑可能要改成什么样子，而风格就像之前所提到的，各大种族都会有一个同一性，但也不能失去主创性跟特色，所以每个种族都会有一个统筹的人员去掌控这个部分。像主城的话就比较偏中规中矩的建筑风格，因此

▲为了制作"盘灵古域"，MTW参考了很多中式建筑资料再去修改。

会先由一个骨干去盖出一个规模，下面的建筑成员、装潢成员再依这个规模、模式跟风格去做其他的变化跟建设。

KY：另外我补充一下，像之前提到的风格不同的村庄等，还有主城，基本上我们都会划分区域，然后派一两个类似小组长的团员去帮忙监督风格有无错误，不过还是会尽量让团员自己发挥创意，盖自己想要盖的东西。在他们完成他们需要盖的东西之后，组长会负责检查一遍，然后汇报进度给总设计，总设计会再去检查一次。如果总设计发现问题后会请组长们更改，然后组长再带组员们更改需要改动的地方。

听起来MTW这里在制作"盘灵古域"时有很多小组在执行，小组成员都是固定的吗？

KY：我们团里其实没有分很多小组，

◀ 在制作时MTW会让团员先盖自己想盖的，再慢慢去修正。

▲主城的风格较中规中矩，但设计上仍然不能马虎。

大部分都是让团员自由选择要参与哪个小组，且因为建筑是分段进行的，比如五个种族新手村是第一阶段，主城是第二阶段，副本是第三阶段，四圣兽的神庙是第四阶段，有很多个段落，所以虽然看起来似乎有很多个小组，其实就是团员们自己选择，比如团员对四圣兽青龙像较有兴趣，那他就可以去帮忙盖青龙像，而如果有团员比较喜欢白虎，就可以选择去白虎那里帮忙。毕竟盖建筑

不是一个工作，而是一份兴趣，大家都是以兴趣来加入MTW以及参与活动的，所以尽量还是让他们自己盖想要的东西。

在"盘灵古域"里我看到有很多建筑材质不是Minecraft内的材质，很有中国风，请问这些材质也是为了"盘灵古域"而制作的吗？

◀团员盖东西虽然说以兴趣为主，不过仍会要求完美。

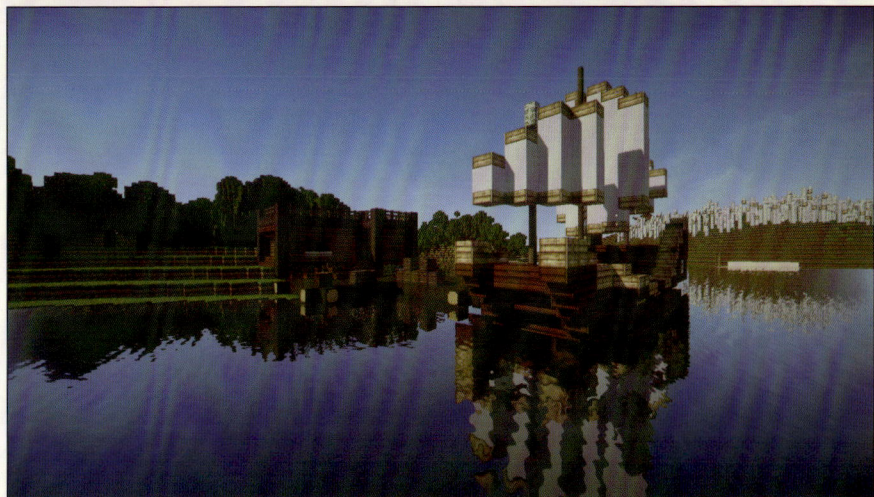

▲除了一般场景外，为了能够往来其他岛屿，也制作了船只。

KY：材质部分除了网络上其他地方的材质包之外，为了"盘灵古域"这张地图我们也自己绘制了很多特殊材质，比如说门上的纹路、一些建筑用的雕刻砖或者是门板之类，这些都由团内的成员来帮忙绘制。

我看许多的建筑物内部都有精心设计的装潢，像皇宫是最明显的，请问地图中的装潢全都是装潢小组处理的吗？

KY：虽然说我们组别分得很细，有设计、建筑、地编、装潢、园丁，不过有时候也都是身兼数职，分工合作，这也是看每个人的专长跟兴趣，可能有些人盖东西盖到一半觉得盖烦了，那就会跑去园丁那里帮帮忙或者去帮助做室内装潢设计之类。

这样看来每个人的工作似乎都很杂很多的样子，不知道一般来说在游戏中一些大型的建筑物像皇宫、雕像，这些都花多少时间建筑呢？

阿宽：以皇宫来说的话，光是打设计草稿就花了三天左右，而且后续盖好后还要慢慢修，如果是一些大型的建筑物的话就更久了，有些需要好几个星期。

KY：补充一下，其实单看单一建筑物的话很难估计制作时间，因为在盖建筑物时，真正花时间的是后续的修改调

▲ 为了要完成"盘灵古域"地图，MTW团队也亲自制作很多材质。

▲制作时间越修越长，因为常常会觉得不满意就再加新的东西进去。

整，有不满意的地方常常就会直接修。比如说主城建好了，原本的主城设计得太小，所以皇宫、民房以及街道看起来都像挤在一团，大家盖完后觉得不怎么满意，就决定整个打掉重做，不过重做主城后发现地图也太小没办法容纳，就连地图也都重新换一次，所以其实用"整个地图"来算会比较准，而整个地图花了半年多的时间在制作。

像"盘灵古域"那么大的地图，在制作过程中难免会有许多压力，不知道平常盖累了的时候会做一些什么来缓解压力呢？

KY：其实我们在设计"盘灵古域"地图时难免会遇到很多"盖烦"的情形，尤其以地编组最容易遇到，而在这个时候，团员之间就会跑去做自己想做的东西，或是在游戏之中添加一些有趣的小东西，比如在山中盖个小庙或者是隐藏

▲ "盘灵古域"地图内有很多密道、迷宫，等着玩家来发现。

▲除了室外建筑之外，也有组别专门负责室内布置。

的机关密室之类的东西，可以增加一些乐趣。

听起来在"盘灵古域"地图内有很多特殊的空间喽？可以先透露一些给玩家知道吗？

KY：我们希望玩家在玩"盘灵古域"时能够自己去发现，所以这里就不透露详细的资讯了，不过可以说游戏中每个区域包括主城内都有很多隐藏空间，有的空间可能是在建筑物内部，有的是在户外的小径之中，也有些藏在地底，这些隐藏空间也有些是不知名的副本入口，所以玩家在玩的时候多观察周围环境可获得更多乐趣。

接下来想问一下在MTW制作"盘灵古域"地图时，是否有什么流程步骤之类？

KY：我们MTW内有很多小组，而在制作地图时会有不同的小组分开制作，也可能是先由一个小组制作完后再由另一个小组接手，比如说设计先决定好要怎么盖，然后让地编处理好地形大小跟

◀MTW团队成员希望玩家在玩地图时，也要多享受地图风景。

▲每个大型区域都花了很多时间在制作，主城即是一个例子。

玩过MINECRAFT之后才知道什么叫好玩，用过网易考拉海购之后才知道什么叫划算

地形的风貌，再转交给建筑，让他们在地形上盖，最后再由装潢、园丁处理建筑周围及内部。不过在盖大型建筑时我们也会采用分头进行的方式，让地编制作地形时，建筑就先在其他地方盖，等到盖完之后再用指令将建筑移到处理完的地形上。

是否可分享一些在制作"盘灵古域"地图时遇到的问题呢？

KY：除了设计上的问题之外遇到过的最大难处就是地编大小跟建筑大小不相符，发生这种问题通常可能是沟通不良，比如说地编设计的大小跟建筑设计的大小没有同步。而另外比较大的问题是有可能建筑做好，放上去后才发现地编部分要修改，这时候要处理非常麻烦，得先用地编专用工具调整地编设计，再人工一个个慢慢将地编修改完毕。

以上就是本次采访两团队制作"盘灵古域"地图的一些内容。另外，这次除了"盘灵古域"之外，还针对两个团队内部进行了一些团队分工、经验分享的采访。

▼在MTW团队内分很多的小组，像整理地形就是其中之一。

▲"盘灵古域"内除了美景外也有一些诡异的区域，如坟墓区之类！

MTW团队访谈及经验分享

相信很多人对MTW的第一印象都是专业的建筑团队，其实MTW本身是一个相当大的团队，除了内部建筑团队（设计、地编、园丁、建筑等人员）之外，还包括外部与一般玩家互动的总管团队以及绘师团队哦！现在就让小编来揭开MTW团队的秘密给读者们吧！

首先要介绍的是MTW建筑团队的一些骨干成员，目前MTW骨干已经是第五代，大多数初代成员都已退休，只剩团长乍沚、元老设计阿宽比较活跃；而第二代的骨干成员有负责管理新进人员的阿城，以及有坚强设计实力的Rocker、火火等人；第三代成员最活跃的就是入团之后很快就晋升骨干的KY；第四代骨干成员则有MTW的人气偶像猫乐以及小风、苍雷、阿勋、阿家这些设计能力很强的人；而现在最新的第五代骨干成员有Alex、阿布丝等。团内在培养新的骨干，相信再过不久就会有第六代骨干成员了。

▲MTW历史相当悠久，成员也非常多，已经到第五代了。

接下来要介绍一下MTW团队里对外与玩家互动的总管骨干（目前活跃人员以草莓姐姐为主），也就是MTW官方粉丝团以及RC 4018语音群的管理者，他们常会组织线上DJ播歌等活动，也会安排建筑团员与粉丝们互动聊天。总管的工作还包括粉丝团以及语音群的问题回复以及和很多不遵守规矩的人打交道，所以本身也是一份很辛苦的工作。

▲MTW除了建筑之外也有很多其他的作品，如人设之类。

　　而除了总管团体之外，还有一个对外的工作团体，就是绘师群（包括沾毛、卡卡以及风珀、小千等人），每当MTW粉丝团赞数破千后，就会有绘师发布破千的纪念图，而平常也会画一些四格漫画或是节庆贺图之类分享给粉丝们，另外也常担任一些人设的工作，比如MTW的代表看版娘就是绘师群的共同成果！

　　接下来就让我们来看看这次MTW的建筑经验分享采访吧！

这次采访主要是针对一些给新手的经验分享以及设计上要注意的事，不知道各位骨干成员是否乐意分享一下？

Rocker：我觉得在盖东西的时候要先有一个概念会比较好，然后盖东西的时候最好估计空间要大一些比较好，要保留误差值，还有就是要多盖，盖越多经验越丰富。

◀可爱的MTW看板娘是绘师群的共同成果。

阿宽： 在盖东西之前最好事先有一个概念，这个很重要。然后就是多参考现实的建筑风格，还有照片。另外盖东西不要把不同的风格混在一起，风格要统一起来会比较好。

Alex兄，我记得之前您提到您在现实中是建筑设计师，那是否也有一些心得可以分享呢？

Alex： 我大概讲一下。因为我本身是建筑系毕业的，所以我比较重视建筑的结构。我习惯先把骨架盖起来，梁柱的位置也先设定好，再来修外观，外观修好后再来想内部空间要拿来做什么，然后将内部外部整体再做一次修饰。另外，如果觉得设计上不满意，可以在旁边再盖一栋类似的互相比较，看看有什么修改之处。

KY： 其实我们MTW一直在推行的就是，盖不好就砍掉重练。以Minecraft来说，由于是一个个的方块做出来的东西，所以"越小的东西越不好盖"。因为越小的东西空间资源越有限，你很难盖出很好看的外观。反之空间越大你能发挥的越多，所以新手们把格局尽量先做大一点，这样修改也容易。另外就是很多时候我们都是互相参考其他人的房

◀MTW入团需经过考试，而风格就是考试会审核的项目之一。

▲团员平常都会互相参考彼此作品，以激发创意。

子或是问其他人某个区域怎么盖比较好，在盖东西时还是尽量要有伙伴，能互相激发创意。

Rocker：给新手的建议是不要再盖方块屋了，多尝试一些更艰难的挑战吧！

猫乐：还有建筑材料也要选择一下，因为盖建筑要注意风格，所以Minecraft里面有几种材质是建议不要用的，像黄金砖、钻石砖、荧光石。

KY：有一个建议是，在一个同样的建筑上，不要有三种不同颜色的材质，而且色系最好也不要差太多。因为除非你色感非常厉害，是你的专业，否则乱用颜色会让建筑物太花。

MTW给新人的盖屋小技巧

- 墙面最好有层次感，有雕花、装饰等点缀。
- 叠得很不整齐、很奇怪的方块屋并不代表就是现代建筑。
- 仔细观察四周的建筑，并且尝试着盖出一样比它们都要棒的作品。
- 想要胜过别人，你必须思考，如何让你的作品崭露头角。你的作品必须是独一无二的。
- 尝试，成功，失败，学习。
- 请永远不要对自己的作品有满足感。

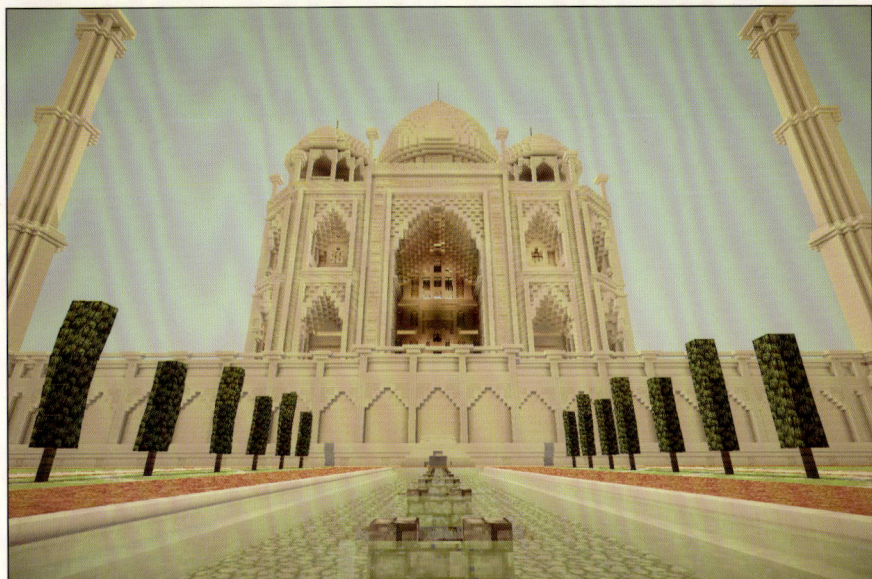

▲MTW建议盖建筑时最好避免太多不同色系，不过可增加外观变化。

猫乐：其实我们有一些给MTW考生的建议，我相信这些对新手玩家来说也是一个帮助。另外，我建议新手在盖建筑时，除了看图片参考之外，还有就是不要太超脱现实，比如盖了阳台但下方没有梁柱支撑这一类型的建筑物都不是好选择哦！

采访最后，不知道各位MTW骨干是否愿意给新手玩家们一句座右铭当作建议呢？相信很多新手玩家们一定会感谢MTW骨干们！

阿宽：精中永细、永不满足。

KY：永远没有盖完的建筑，一定有地方可以改。

猫乐：对自己的作品要保持永不满足，它不会是最好，下一个肯定更美更好。

Alex：只有自己可以超越自己。

Rocker：细节是魔鬼，勇于挑战它。

小风：不断更新再进化。

火火：用心去感受，感动自己也感动别人的作品才是好作品。

乐咖：用生命、时间、心血去对待每一张地图、每一栋建筑物。

▲在盖建筑时参考现实也是MTW成功的一个诀窍！

▲MTW团队成员大都勇于挑战自己，才能做出好的建筑。

■ 红石口袋团队访谈及经验分享

红石口袋团队虽然小，但技术力量相当强，相信很多读者曾经看过红石口袋的实况影片或教学影片。刚开始，红石口袋成立的目的是集结一些喜欢做地图的玩家，后来也提供了一些第一手的国外资讯给其他玩家，造福许多需要游戏资讯的玩家。

目前红石口袋团体内大致分为两个群体。一个是以地图制作和研究红石技术为主的技术部，成员包括水狼阳介、麦安捏、吐司、无奈、尊爵等人，这些成员常常制作一些解谜地图、RPG地图，在制作完成后释出常常会获得很多良好的回应，也有许多游戏实况主都非常喜欢开台玩红石口袋技术团制作的地图。另一个群体则是比较偏向于对外推广的，成员有团长鱼干、Jerry、哈记、崔野等人，他们本身很擅长制作教学影片以及推广红石口袋，同时也常开实况台给玩家们参与，另外也会在粉丝团以及RC 8008群跟玩家互动，很多粉丝常想在线上与活力十足的团长鱼干聊天，还有请教游戏的东西哦！

看完了红石口袋的介绍后，接下来就让我们来看看红石口袋团队对于红石系统的分享采访吧！

我们是 **红石口袋** RedStone Poke
提供最新·最准确的
Minecraft游戏资讯

牧场物语
一模拟人生

总是与怪物战斗，想停下来喘口气吗？
青春洋溢的牧场恋爱物语，带给你前所未有的感动～

◀制作各种有趣好玩的地图是红石口袋最乐于分享的一件事。

首先想问的是，像你们都有制作作品的经验，那在制作时从一开始刚碰红石到很熟这段路程是怎么过来的呢？

水狼： 由我先开始说好了。这个可以讲蛮久的。我是从去年二月开始碰Minecraft，那时候觉得Minecraft是一款不错的游戏，然后又接触到国外设计地图的资讯，而我本身又对设计游戏有

兴趣。不过，一开始对红石电路一无所知，而且以前红石电路的东西很基础，不像现在有那么多变化，就凭着一股冲劲在四天内把地图做起来。而且以前制作地图的氛围不是很热烈，所以就都是一些地图制作者互相讨论分享。我的出道作品是"魔法师之塔"，算是一个系列作品，目前出到系列5。而我制作地图的习惯是除了红石电路外，对剧情设定也是很重视的。

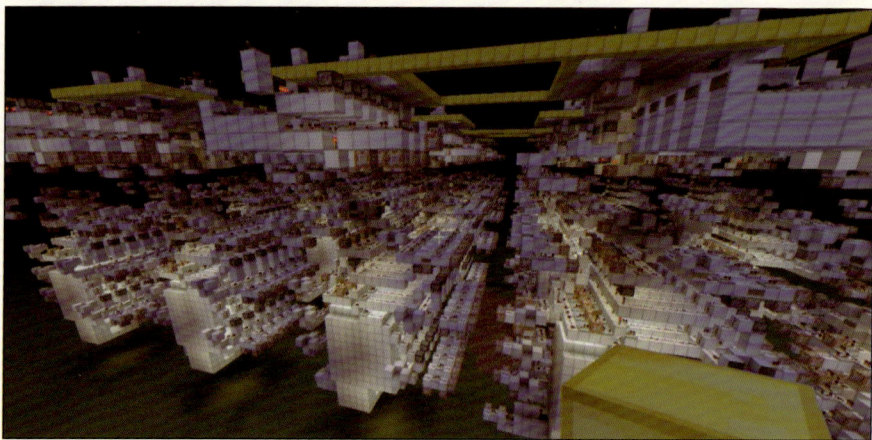

▲ 水狼阳介本身很会设计红石电路，就算很难的机关也能设计出来。

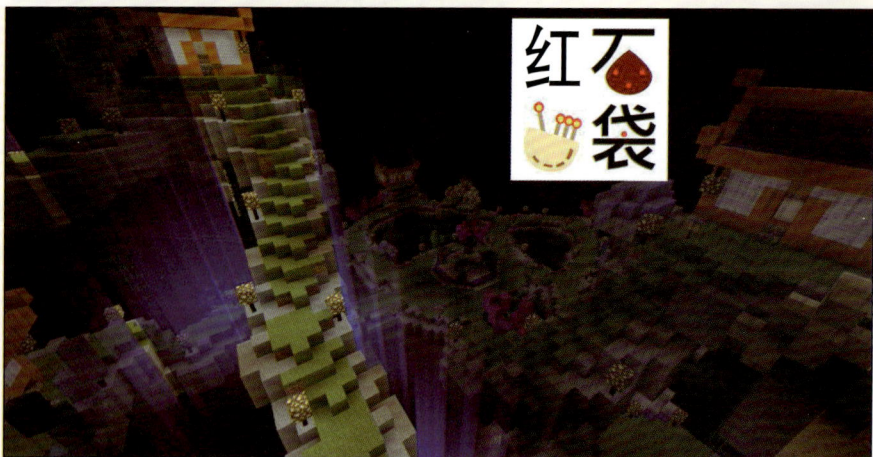

▲ 红石口袋的地图大都有很多粉丝，许多实况主也很爱玩。

玩过MINECRAFT之后才知道什么叫好玩，用过网易考拉海购之后才知道什么叫划算

那一开始在设计红石电路时，会不会遇到一些撞墙的难题呢？要学好红石电路需要怎么做呢？

水狼：一开始在设计红石电路时对逻辑闸一点概念都没有，维基百科上的资讯也都看不懂。起初我都是靠自己的方法一步一步摸索来解决问题，等到自己对红石有一些概念后回去看维基的资讯才会有帮助。我觉得新手要学好红石电路还是先定下目标吧，比如说想好要用红石电路做出什么东西，再一步步地去慢慢解决遇到的困难，这样才会慢慢进步。即使你今天用的是很粗糙的手法，但你还是会从中获得许多经验。

看起来对于新手们来说，多做、多尝试或许是比较好的学习方法。

水狼：是呀，最重要的还是实际制作，再加上Minecraft是一款3D的游戏，所以脑子里的想法还是得去做过才能够转变过来。另外就是，做好东西后尽量跟其他人互相分享，跟别人互相分享可以省掉你很多时间。红石口袋团队也是靠着分享一些新资讯来成长的，有很多东西其实我没有真正去试，但有人试过分享经验后，就了解了这东西的运作原理，以后要做的时候可以回来翻资料，有个印象会比较容易制作，这也是我采用的制作方式。

▲常看红石口袋的教学对新手来说可是快速上手的捷径！

▲红石电路虽难，不过从简单的设计起培养自信是最重要的。

那想请问水狼，这里会先盖好建筑再铺红石电路，还是先设计红石电路再来制作建筑呢？

水狼：我会看状况，根据场景的需求来决定。如果玩家对场景的需求是一个开阔壮硕的整体感，那我会先盖建筑及场景，再想办法塞红石电路进去。如果今天这个游戏重要的东西是系统或红石电路、特效，那就会先做电路这块，再做建筑、装潢、景观这些。不过现在没这个问题，因为现在有传送指令，所以可以分开来做。当然我个人还有一些建议，就是制作地图要以玩家为主，因为制作者的想法跟玩家想法会有些不同，所以尽量站在玩家角度来看地图会比较好。

很谢谢水狼提供宝贵的经验，不知道鱼干团长是什么样的因缘际会开始碰Minecraft还有做红石口袋推广这一块的呢？

鱼干：一开始是看到这款游戏的实况才接触Minecraft的。原始生存玩了一阵子后就寻找更多的玩法，当时网络上有很多玩家分享自制的地图，玩过许多人的作品后决定自己也来做做看。从最初完全不熟悉到看过水狼的红石教学后，陆续也完成更多的作品；而之后接触了游戏的影片制作，发现大家很喜欢我的影片，就转换跑道成为影片制作者，并开始在红石口袋凭借影片来推广技术。

NOT（非门）

▲鱼干给新手的建议就是基础要打好，弄明白元件、逻辑之类知识。

▲制作地图要站在玩家角度来想，才能做出好玩的地图。

那鱼干自己在玩红石电路时遇到过什么样的难题或有什么经验呢？

鱼干：我经常通过拆解别人的地图来获得需要的技术，但刚开始拆的时候，如果看到机关做得太难、看不懂就会有很大的挫折感。不过，如果能逐一分析小段小段的电路，用一些拉杆来测电路走向，慢慢就可以破解机关的运作，下一次就能将这次心得介绍给别人或自己应用，这便是从挫折感转变到成就感的关键，是自己要跨越的一个门槛。另外，我觉得新手最重要的就是要先了解红石的基础部分，因为红石有很多不合理的地方，是要先懂得基础才有办法理解的。

不合理的地方？是否可以简单地说明一下呢？

鱼干：比如说方块感应装置（BUD），即使你知道红石逻辑闸的运作，可能还是不懂BUD到底是什么原理，因为那其实是游戏中红石的特性，这还是要靠爬文、跟别人讨论，或是到我们的Blog才能学习到的知识。另外就是

一些元件的原理，像中继器跟比较器的用法都是一门学问；各个机关要怎么拼凑起来也都是要靠自己去学习，例如开关要如何搭配活塞门。新手最好还是把红石的基础知识都学会了以后，再拆解地图。

很谢谢鱼干团长的分享，不知道鱼干跟水狼两位是否能帮忙整理一下红石口袋给新手的红石小技巧制作建议呢？

水狼&鱼干：以下六点是我们觉得新人制作红石电路的时候可以参考的一些建议。

▲团长鱼干本身制作很多简单易懂的教学影片，致力于推广红石系统。

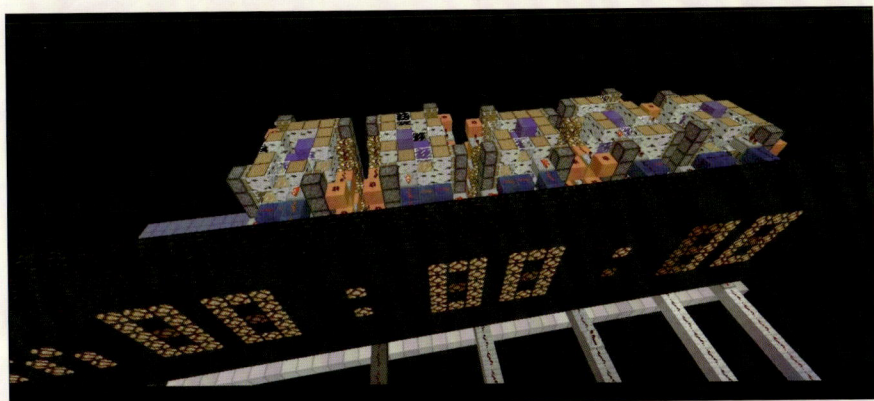
▲拆解地图是一种难度较高的学习方法，不过会让人进步很快。

红石口袋给新人的红石小技巧

- 设计红石时先以小游戏、小场景为出发点，不用做太大。
- 先从学习基础技术开始，享受红石的乐趣。
- 对红石技术有一定基础后，可以试着去拆解别人的地图来了解别人的红石设计，这样会进步非常快。
- 对红石技术很熟悉后，要从呈现着手，想一想希望呈现什么效果再来制作。
- 试着揣测玩家的心境，才能够制作出一张好的地图。当然你也可以请朋友帮忙测试地图再修改。
- 最重要的就是莫忘初衷，遇到地图制作瓶颈时想一想自己为什么制作地图就对了。

▲想好地图的玩法及背景后再来制作会是一个比较好的方法。

▲红石系统的技术日新月异，所以制作地图时多看看红石口袋的资讯很有好处！

★ 采访结语

各位读者看完了这次的采访之后，相信也对"盘灵古域"地图以及两团队的一些经验、理念有一定程度的认识了。最后小编要说，虽然MTW跟红石口袋现在都是顶尖团队，但罗马不是一天造成的，他们也都是经历过很多辛苦慢慢成长起来的，所以读者们如果想要像MTW或红石口袋一样的话，不妨也试着多盖自己的建筑物，多试着制作自己的地图吧！

▲Minecraft是一款易上手难精通的游戏，所以制作东西一定要精益求精！

▲制作地图、建筑都需要耐心以及细心，但只要撑过去就能变成建筑大师了！

Chapter **6**
地图种子码

想要与三五好友挑战一样的世界吗？在"我的世界"的游戏中，还可以依照种子码来生成世界，只要使用的种子码相同，就可以生成相同的世界。这样一来，只要随自己喜好去搜寻其他人分享的种子码，就可以挑战相同的世界了。接下来的单元将会介绍如何查询目前世界的种子码，以及如何使用种子码来开启世界，并且还介绍了一些特别世界的种子码哦！

地图种子码

"我的世界"中的地图可以输入"世界种子码"来生成指定的世界。借着相同的种子码在同一世界中冒险，另有一番乐趣呢！因此世界种子码就成了玩家之间分享的资讯之一。你是不是也会好奇，到底会产生什么样的世界呢？接下来就来看看如何输入世界种子码吧！

▲ 只要输入相同的世界种子码，就可以创造相同的世界。

依照种子码创造世界

创造新世界时，点"进阶世界选项"按键，进入"进阶世界选项"的画面后，只要在最上面的"世界种子码"空格输入种子码即可。这里的种子码除了可以用网友分享的种子码之外，还可以随意填入任意英文或数字、符号等，而且字数也没有限制。也就是说这里可以自由填入任何资讯，都会出现不一样的世界哦！

▲ 在创造新的世界的时候，点击"进阶世界选项"按键。

▲ 在空格内输入种子码，再点击"完成"键，就可以回到"创造新的世界"选单了。

如何查询所处世界的种子码

如果是自己随机开启的地图，觉得很有趣想要跟好友分享，却不知道种子码的时候该怎么办？这个时候只要在一般模式下按F3键，就可以弹出目前地图的资讯，从画面中的Seed项目，就可以知道目前世界的种子码了。

▲ 按下F3键就可以查询种子码了。

MINECRAFT是最好玩的游戏，网易新闻客户端有最时鲜的新闻

平原地形

★ 种子码：63950005

这个世界一出生就在森林边缘，所以可以不用烦恼木材来源。起始点附近即有大型洞穴可以探险，以及水坑、岩浆等地形。旁边的高山还覆盖有白雪，食物也不虞匮乏，是相当适合新手的地形。

起始点附近俯视图

▲起始点旁边地势平坦，也有水源、洞穴等地形。

▲地面上还有岩浆，想要制作黑曜石就不用拼命往下挖喽！

海岛丛林

★ 种子码：-9028489474908844496

这个地形相当矛盾，虽然起始点附近是海岛，多半为沙子与水的组合，但是中央不但被白雪覆盖，还生长着一片森林。最为突兀的是，稍微走远一点就会遇到高山及一大片丛林的地形，相当奇特的组合。

起始点附近俯视图

▲地形多为沙子和水组合的海岛地形，水面下也有复杂的地形。

▲起始点附近多为白雪覆盖，地表却有岩浆活动。

深山丛林

★ 种子码：2052526

起始点身处深山丛林内，由于四周都是高大的树木，会让人搞不清楚方向，属于较高难度的地形。虽然是大片森林，但是也散布着数个小水池，走出丛林后，旁边还有山丘地形。

起始点附近俯视图

▲起始点附近全是树林，方向感差的人很容易迷失。

▲到了山丘地形附近，就可以来个洞穴探险了！

高原地形

★ 种子码：spp

这个地形相当有趣，一开始就在高原上，附近有相当充足的肉类来源，而起始点一边是平坦地形，另一边是森林，不用烦恼木材来源。更重要的是，附近有一条大峡谷，可依地势盖出属于自己的秘密基地！

起始点附近俯视图

▲起始点的旁边就是被雪覆盖的森林，这样就不愁木材的来源了。

▲起始点的另一边是一大片平坦的地形，还有地洞可探险。

玩过MINECRAFT之后才知道什么叫好玩，用过网易考拉海购之后才知道什么叫划算

巨型蘑菇

★ 种子码：-8173264967572227382

由海与岛屿所组成的世界。在起始点附近交错着海与树林，游戏初期的资源可以说不虞匮乏。走远一点的话，就有大小不一的山丘，山上有许多巨型蘑菇，是个相当丰富的世界哦！

起始点附近俯视图

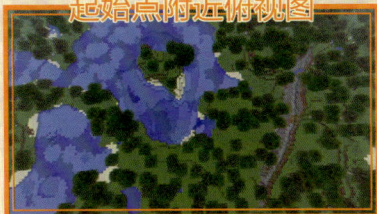

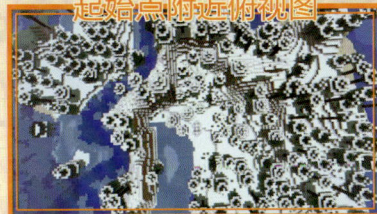

▲除了有一条大峡谷可供探险之外，旁边的山上也长着巨大蘑菇哦！

▲地洞里也别有洞天呢！小心不要碰到岩浆哦！

雪地森林

★ 种子码：404

出生点附近是一片雪地森林，而且地势高低起伏，视线被小山丘遮蔽，很容易迷失方向。不过，只要爬到高处就可以重新掌握地形了，建议容易迷失方向的玩家挑战。

起始点附近俯视图

▲除了雪地之外，起始点旁还有一座造型相当有趣的高山呢！

▲这是一个木材和肉类都不缺的世界哦！

沧海荒岛

★种子码：902517032261035307

开始就出生在茫茫大海中的一座小岛上。岛上只有两棵树，是难度不低的世界，喜欢挑战高难度的玩家可设为极限模式挑战一次看看！在远方有几座资源较丰富的小岛，看起来还很有发展空间哦！

起始点附近俯视图

▲要如何从只有两棵树的孤岛上开始，是相当高难度的哦！

▲远方的海面上，似乎有几座资源比较丰富的岛屿。

岩岸海湾

★种子码：62398864

在起始点附近就包含了山丘、山谷以及岩岸地形，是相当多元的世界。虽然树木区距离要稍微远一点，不过也不至于缺乏。另外海边有许多独特的地形，能够在探险的同时放松一下心情哦！

起始点附近俯视图

▲天然的石桥连接着离岸小岛，不想到这里野餐一下吗？

▲虽然就在离海边不远的地方，但是也有天然的山谷地形呢！

海岛地形

★ 种子码：7319697500799939733

在一开始的小岛上往下挖的话，会挖到遗迹哦！旁边一座地势较高的小岛上生长着巨型蘑菇与哞菇。虽然海中有蠹鱼出没，不过只要到了旁边的小岛上，生存就不成问题。

起始点附近俯视图

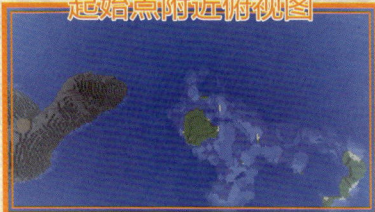

▲ 起始点旁边的小岛看起来资源还不少的样子呢！

▲ 在起始点的下面留有遗迹，准备好火把去探险了吗？

群岛地形

★ 种子码：5515274009531393841

起始点附近可用的资源不多，主要的树木群在稍远的地方，而且地势起伏相当大，需要花多久时间来熟悉，是能否度过第一个晚上的关键。困难度不低，是一个相当值得挑战的地图哦！

起始点附近俯视图

▲ 不但地形高低起伏大，水池或海边的地形也不少，是相当复杂的地形。

▲ 树木的来源离起始点有一段距离，提高了一点生存的难度。

绝壁山区

★种子码：4986236831249367045

在起始点附近是一大片树木区，主要的动物为牛与鸡，附近的资源相当充足，对新手而言，想要生存下去并不困难。在远处也有大得夸张的断崖以及丛林，对于高手来说也相当具有魅力。

起始点附近俯视图

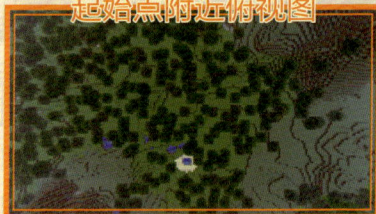

▲在起始点附近的高山旁有一处斜坡，有大量的石头可以开采。

▲起始点的远处还有夸张的断崖以及高耸的丛林木。

高山地形

★种子码：1385327417

这个世界的起始点是在一片树木区里，不用担心树木的来源。树木区位于半岛地形中，三面环海，而另一边则是高山区。山区的高度非常高，而且相当壮观，有多处瀑布以及地洞，是相当值得探险的区域。

起始点附近俯视图

▲高山就是要配上瀑布才会有诗情画意的感觉啊！

▲发现了一个地洞，在里面会出现什么怪物呢？

沙漠丘原

在初始点旁边就有一个村庄，虽然附近资源不多，但是以村庄为据点，即使是新手也很容易生存下去。村庄的一边是沙漠，一边是丘原地形，在丘原地形中间散布好几个地下洞穴。

起始点附近俯视图

▲一进入，出现在眼前的就是一个村庄，直接找一间房子当家吧！

▲在起始点旁边就有一个能够让人探险的洞穴。

极端气候1

★种子码：−186046852451702369

虽然在初始地点附近有平原与沙漠，但是不远处还有一片雪地森林，玩家可以随自己的喜好选择在哪种气候中活动。不但资源不虞匮乏，能够探险的地洞也有不少，是个相当有趣的地图。

起始点附近俯视图

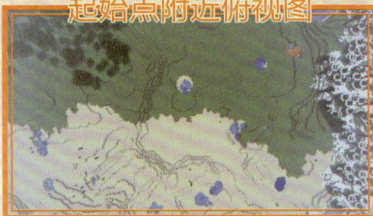

▲身处绿地之中，一边是雪地森林，另一边则是沙漠，真是突兀的地形呢！

▲虽然是极端气候，但是关键的地洞探险也没少哦！

极端气候2

★ 种子码：−1440106122773687831

深浅不一的河川形成交错的水道覆盖在整个地图上，把陆地区分开来。陆地上分为全是沙子的沙漠、绿色的森林以及深绿色的沼泽。从湿度变化的角度来看，沙漠、森林、沼泽也算极端环境呢！

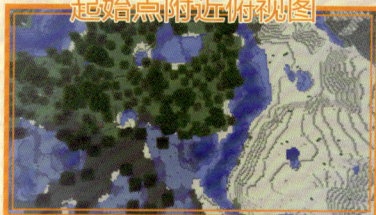
起始点附近俯视图

▲沼泽系与丛林系的生态在画面上的颜色区别相当明显。

▲到底是沼泽还是海洋呢，已经完全分不清楚了。

极端气候3

★ 种子码：3401130627637639057

起始点在离岸的小岛上，虽然木材来源不多，不过在隔岸的沙漠区就有一座村庄，对于生存来说并不成问题。整个沙漠区被绿色小岛与雪地森林所包围，如果想要木材就需要到雪地森林区碰碰运气了！

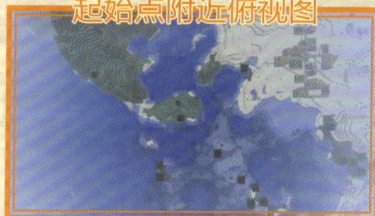
起始点附近俯视图

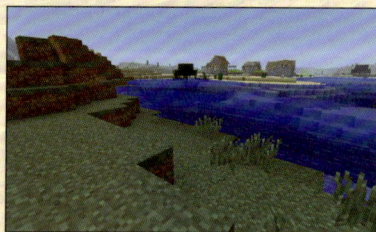
▲起始点不远处的沙漠区就有一个村庄，可以直接搬进去住下。

▲在沙子的底下有什么东西等待着玩家们进去探险呢？

半岛地形

★ 种子码：3195001726623323973

进入这个地图之后，会出现在半岛的地形之内，虽然树木区有点距离，但是可以不用担心木材来源。最重要的是在起始点附近就有少见的南瓜，在远处还有一大片雪地森林，是相当值得一玩的地图。

起始点附近俯视图

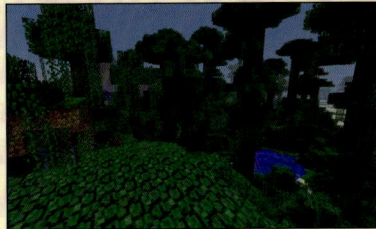

▲就在起始处不远的地方有一堆南瓜可以拿来利用。

▲这里的地洞也颇具规模，不想进去探险一番吗？

山谷丛林

★ 种子码：-1623774494

进入世界就在树上，一旁则是一座高山，山里有一个好像要掏空整座山的巨大洞穴。而另一边是一群丛林木，更远处则是一片沙漠。光是地面上能够探险的地方就一大堆了，是非常值得玩的地图。

起始点附近俯视图

▲自然形成的巨大山谷，里面藏着什么东西令人好奇。

▲就在起始点旁边的巨大丛林让木材的来源不虞匮乏。

沙漠海湾

★ 种子码：1019378981

进入这个世界之后，会发现整个地图充满着矛盾。既是沙漠又是海湾；虽然有树木，却又是雪地森林。在距离起始点稍远的草原上，有一座小村庄，可以直接搬家，不用在第一天就拼着盖出房子了。

起始点附近俯视图

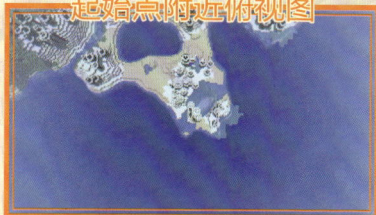

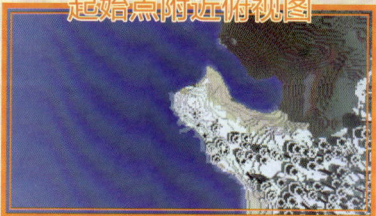

▲沙漠、海洋、雪地森林全部挤在一起，真是充满矛盾的地方。

▲起始点附近的草原上就有一座村庄，快找一间舒适的房子搬进去吧！

森林沙滩

★ 种子码：109263

同样是一个由沙子、雪地森林与草原地形所组合而成的世界，不过有着一望无际的雪地森林，而且沙子并不多，充其量只不过是沙滩。但在海边的草原却有一连串的山脉，是相当有趣的一张地图。

起始点附近俯视图

▲起始点旁边就是一望无际的雪地森林，这样就不用怕木材缺货喽！

▲另一边是一连串的山脉，即使在山上，"肉类"的来源也不缺哦！

玩过MINECRAFT之后才知道什么叫好玩，用过网易考拉海购之后才知道什么叫划算

Chapter 7
其他沙盒游戏介绍

游戏圈里常讲的沙盒游戏大多伴随着"高自由度""高开放性"，也就是能让玩家在一个基本架构下自由发挥玩法的游戏。近年来最出名的沙盒游戏就是Minecraft了，它可说是现在沙盒游戏的代表。不过除了Minecraft之外也有其他的沙盒游戏在发展中，有传统的经营模拟型沙盒游戏如模拟城市、大航海世纪，有加入动作、射击或RPG要素的第一人称沙盒游戏如侠盗猎车手、异尘余生、上古卷轴等。玩家想试其他的沙盒游戏也可先玩玩这些知名作品哦！

侠盗猎车手5

★基本资料

开发厂商：Rockstar Games 　　　　　游戏现况：PS3版/X360版发售中

日版官网：http://www.rockstargames.com/V/zh_tw/

侠盗猎车手系列：做尽你想做的事！

谈到"高开放性"以及"高自由度"，那就不能不谈侠盗猎车手系列。侠盗猎车手系列起源于1997年，目前已经出到5代。如果将其他同名的系列作也包括进去的话，总共有10款以上的系列作了。

▲线上游戏未来也会朝高自由度、高开放性世界的沙盒概念走。

游戏我玩MINECRAFT，学习我用网易云课堂

在开放性世界与人火拼

侠盗猎车手的故事内容都伴随着很多成人要素（如黑帮之间的火拼）。由于游戏中的玩法非常自由，除了主线剧情之外也夹杂着很多其他有趣的小故事以及各种要素，这使得侠盗猎车手成为有现代风格的沙盒式ACT+FPS游戏。

▲侠盗猎车手系列游戏内容较偏向成人，充斥着黑色幽默与暴力要素。

杀人放火无所不能

在侠盗猎车手内的沙盒要素非常多，任何场景、任何交通工具、任何NPC都是可以被摧毁破坏的，当然玩家会因为随意杀人放火而被通缉或者被追杀。

▲侠盗猎车手采用开放式世界的设计，里面很多物件都会像现实一样被损毁。

小游戏趣味多多

除了场景、NPC、交通工具外也有很多特殊玩法，比如改车、打打高尔夫、瑜伽、买房、炒股或者是帮人打工赚外快，有着各式各样的玩法，让玩家们可以自由发挥。

▲游戏里除了一般的剧情玩法外，也有很多其他要素，如改车之类。

实用的MOD系统，使你也能穿上钢铁装

另外，侠盗猎车手系列除了本身沙盒要素多之外，也可以加装MOD来增加游戏的内容、物品、可用载具或者改变外观，让游戏更加有趣。

▲MOD也是此游戏有趣的地方，如钢铁人MOD就有飞行、发炮功能。

上古卷轴5：无界天际

★基本资料

开发厂商：Bethesda Game Studios　　　游戏现况：PC版/PS3版/X360版发售中
日版官网：http://www.elderscrolls.com/skyrim

上古卷轴系列：在奇幻世界里自由冒险

　　上古卷轴是一款历史非常悠久的RPG，起源于1994年，而整个系列作品非常庞大，虽然说现在本传最多到5，但连同其他的副标题作品都算在内已经有10款以上了。上古卷轴这款游戏也是在市场上非常罕见的沙盒式RPG，此系列作品保有了西式RPG的特色，即自由度相当高，在游戏之中看到的物件、人物都可以攻击或破坏。游戏除了传统主线剧情之外，也有其他众多的玩法如买房结婚、探索世界等。

▲在上古卷轴游戏里最著名的就是MOD，几乎各种不同的MOD都有，如可爱的外形改装MOD。

模拟城市

★基本资料

开发厂商：Maxis　　　　　　　　　　游戏现况：PC版/Mac版

日版官网：http://www.simcity.com/

模拟城市系列：盖房子、堆建筑，当个万能市长！

　　如果要谈沙盒系游戏的始祖，那么模拟城市绝对可以称为代表。模拟城市初代于1989年贩售，而到目前为止加起来也有10种以上的版本，同时模拟城市的成功也创造了许多开放式城市建造游戏如超大城市、天堂岛、大航海世纪、凯撒大帝等。

▲模拟城市可说是影响力最大的沙盒型游戏，从几十年前就流行至今。

MINECRAFT是最好玩的游戏，网易新闻客户端有最时鲜的新闻

满足你建造自己城市的欲望

模拟城市本身的玩法相当简单易懂，在游戏中你就是一个城市的市长，这个区域就是你的"沙盒"，也因此你可以规划各种不同的区域如住宅区、商业区、工业区等，然后盖上各种公共建设、运输网络来增加你城市的人数、税收，并使城市稳定扩大。

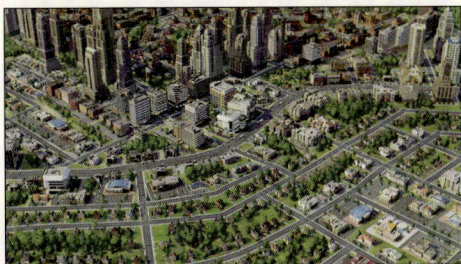

▲模拟城市就是把一整个地图当沙盒来盖，怎么盖可随个人喜好。

自由的都市发展方向

当然，模拟城市本身并没有一个强制性的玩法。如果你想要建筑出一个都市，那就可以一直用高密度的区域吸引人口进住，最后让城市到处都有摩天大楼以及超大住宅。如果你只想要一个悠闲的小农村，那就试试盖低密度建筑，把它经营成一个有着乡村、农场的区域吧！

▲如果想要盖出超高大楼，那就要一步一步地吸引人口入住才行。

呼叫灾难打爆城市

模拟城市除了沙盘式的经营要素以外，一个最大的乐趣就是当你不想玩时，也可以像小孩推倒沙堆上的城堡一样，呼叫各种灾难到你的地图上，让你的城市在瞬间毁灭，这也是一个玩模拟城市的独特乐趣哦！

◀模拟城市的传统就是盖好后放灾难打掉重练，这是大家都会做的一件事！

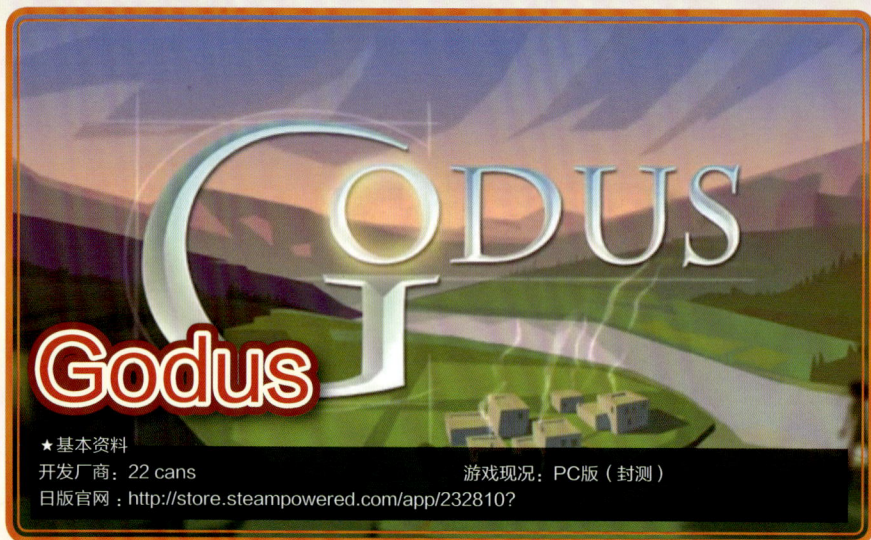

★基本资料

开发厂商：22 cans	游戏现况：PC版（封测）

日版官网：http://store.steampowered.com/app/232810?

Godus：成为神明制作你自己的世界吧！

相信很多人一定听过一款叫作"上帝也疯狂"（Populous）的游戏，此款游戏可说是沙盒游戏的始祖之一，也影响后世很多游戏如黑与白（Black &White）、巨灵（Reus）这些以造物主为观点的游戏。而此款开始Beta测试的造物游戏Godus就是一款以造物主为观点的线上沙盒游戏，玩家可以在游戏之中制作、雕塑地形，产生森林、山谷、湖泊、海洋等区域。

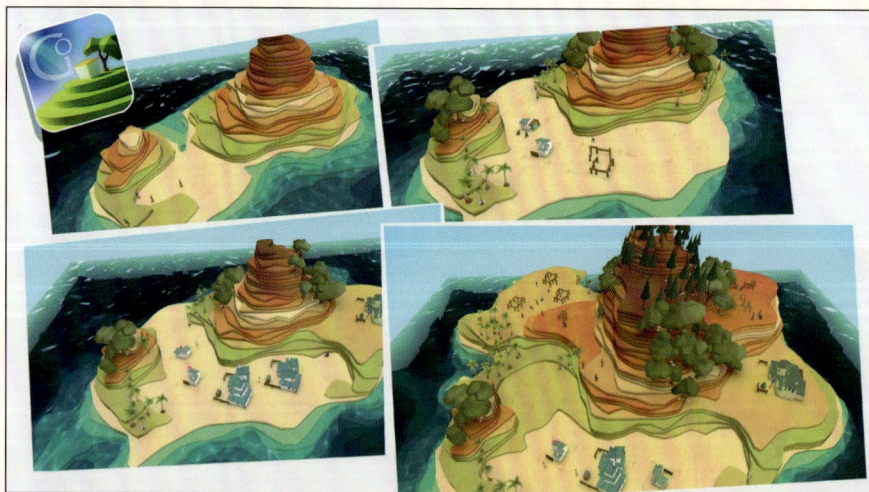

▲造物主型的游戏也是历史悠久的沙盒型游戏，大多都可自己做地形。

玩过MINECRAFT之后才知道什么叫好玩，用过网易考拉海购之后才知道什么叫划算

增加信徒、强化神力

当然，除了沙盒式的地形制作之外，游戏中也与一般造物游戏一样有村庄聚落。玩家身为造物主可以通过各种方式让村庄变大来增加自己的信徒。信徒越多，造物主的信仰越强、神力越多，可开启更多不同的功能。

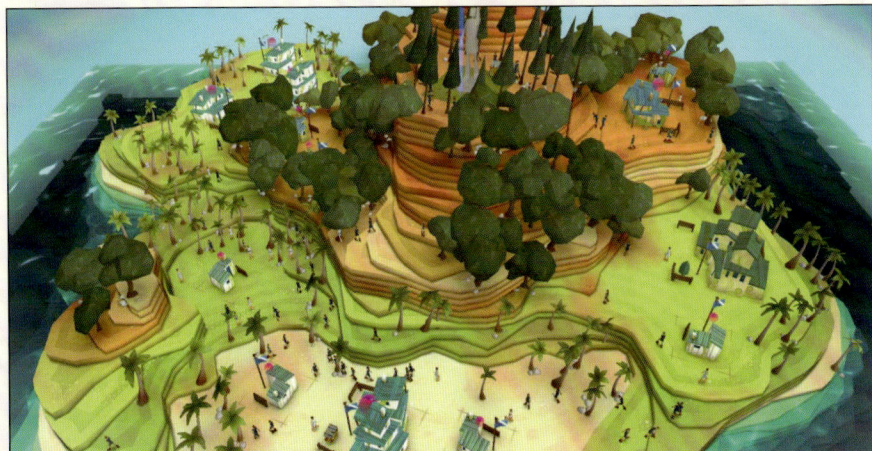

▲Godus以沙盘养成为主，要怎么养出自己的文明全凭自己喜好。

增加信徒、强化神力

比较特殊的是，Godus除了单人离线模式之外，开发商更重视多人模式玩家的互动，让多个造物主互相PK。虽然此款沙盒造物游戏现在仍然处于Beta测试阶段，不过，相信未来正式贩售之后将会是一款不亚于Minecraft的沙盒作品！

▲Godus比较特殊的是多人同时线上沙盘，所以也可以对抗其他玩家。

无尽的任务Next

★基本资料

开发厂商：Sony Online Entertainment	游戏现况：尚未上市
日版官网：https://www.everquestnext.com/	

Everquest Next：你的行为将影响整个世界！

现在不只在一般游戏上出现沙盒游戏风，就连多人线上游戏也开始将沙盒的概念带到游戏之中，而多人线上游戏"Everquest"即将推出的新一代作品"Everquest Next"就导入了沙盒游戏的概念。在游戏中玩家可以做自己想做的事，如打怪、盖屋、生产，而且不像一般的线上游戏是选定等级以及职业，在游戏初期主要可选的职业有8种，不过随着探索世界可解锁其他隐藏的职业，玩家也可以自己组合各职业的技能来一并运用。

▲多人线上游戏"Everquest Next"导入了沙盒游戏的概念。

可破坏、修复的地理环境

　　除了职业部分相当自由之外，在Everquest Next里最重要的沙盒因素就是世界变动，这包括环境改变以及行为的影响，举例来说，在游戏之中玩家可以过了桥之后就把桥拆掉让其他人无法过来，当然如果别人想的话也可以将桥补起来，在这点上就像现实世界一样。

▲在EQN的世界里物件都是可以破坏的，你的攻击也可能会损毁区域。

玩家行为的影响力

　　行为影响则是玩家的行为可能会造成整个世界的变化，举例来说，在某个区域内存在半兽人聚落时，如果玩家主动侵略半兽人聚落并把他们打得落花流水，就可能迫使半兽人迁移离开此区域，而此区域就不会再受到半兽人的威胁。

▲玩家行为会反映在游戏世界中，如果太常屠杀小怪可能造成绝种。

在Landmark里盖自己的世界与建筑

　　另外，除了Everquest Next之外，还会推出同名的线上沙盒游戏Everquest Next: Landmark，此款游戏就如同Minecraft一样是让你建筑设计用，可利用各种材质来设计Everquest Next内的各种建筑，同时原厂也会定期地将Landmark世界中设计较好的建筑直接搬到Everquest Next里去。

◀EQN同时还会出另一款专门用来编辑用的游戏叫Landmark。

读 网易云阅读

网易云阅读，国内首家全方位数字出版平台，涵盖图书、小说、资讯等丰富内容，数十位明星和作家联袂推荐，是最有态度的阅读产品。60万册海量图书汇聚成国内最大移动书城，强力打造新书独家首发基地、热门影视剧原著阅读基地，《欢乐颂》《女医明妃传》等原著小说同步追。作为优质IP孵化基地，原创IP作品达50%以上，集结张君宝、冬雪晚晴、温瑞安等数千名知名网络文学作家和上万部原创作品，挖掘和孵化新生代内容资源和创作力量，全力打造原生IP的影视化、游戏化的全版权战略。作为致力于令全民爱上阅读的全能型移动阅读应用，截至目前，网易云阅读用户数已突破8000万。

漫 网易漫画

网易漫画于2015年8月正式上线，是网易公司布局二次元产业、拓展青少年市场的战略性产品，是国内原创漫画重要的孵化平台。截至目前，已拥有超过5000部优质漫画作品在线版权，包括700余部美、日、韩等国家及中国香港、台湾地区漫画以及200余位独家签约的国内外漫画家，且移动端注册用户数超过300万。2015年10月，网易漫画宣布与日本著名游戏公司及发行商SQUARE ENIX合作，一次性独家引进该社63部漫画作品，是国内与日本漫画版权合作规模最大的一宗；2016年4月，网易漫画召开"源"计划战略发布会，网易ACG生态体系正式建立，这意味着网易将提升漫画、游戏、音乐、阅读等IP联动开发的商业价值，形成一个良性发展的ACG产业全版权生态系统。

网易新闻，2011年初网易传媒推出的基于移动终端平台的媒体资讯产品。多年来，网易新闻的内容建设和用户体验，赢得了用户的一致认可。作为国内首个系统建立原创栏目的移动资讯产品，网易新闻倾力打造50多档原创栏目，受到用户热捧。2015年，艾瑞、QuestMobile等多家知名数据机构报告显示，网易新闻的人均使用次数和人均使用天数等代表用户黏性的重要数据，均位居新闻资讯类App的首位。2016年，网易新闻先后推出了直播及问吧、话题、360°全景图片、视频观看等创新功能，为用户带来了前所未有的个性化阅读体验。目前，网易新闻已拥有超过1.1亿月活跃用户，知名度、行业口碑遥遥领先，下载量长期保持App Store新闻类软件第一位。

网易云音乐

网易云音乐，1亿乐迷为之狂热的音乐App。自2013年上线后获得行业专业认可，千位大牌明星首选，已成为知乎上口碑最好的音乐App。匠心雕琢的界面设计，高质量的乐评氛围，强社交互动，首创歌单概念，并将其作为产品核心架构，图片歌词分享，好评如潮，实现了极致的产品设计。截至目前，用户数已突破1亿。网易云音乐，让你拥有完美绝妙的音乐体验！

邮 网易邮箱大师

网易邮箱大师，18年专业邮箱服务经验，打造更好用的手机邮箱。不止是邮箱，更是移动办公利器。完美支持一键登录，轻松管理你的所有邮箱，已支持全球600,000多种邮箱登录，可以同时管理网易邮箱、QQ邮箱、Gmail、139邮箱、Hotmail、新浪邮箱等各类个人邮箱，还支持添加网易企业邮、腾讯企业邮、263企业邮等各类企业邮箱和国内外各高校的.edu邮箱。

网易考拉海购

网易考拉海购，网易旗下以跨境业务为主的综合型电商。作为网易集团投入大量优质资源打造的战略级产品，网易考拉海购主打自营直采的理念，深入产品原产地，与全球数百个优质供应商和一线品牌达成战略合作，仅一年就跻身跨境电商第一梯队。网易考拉海购销售品类涵盖母婴、美容彩妆、家居生活、营养保健、环球美食、服饰箱包、数码家电等。100%正品，天天低价，7天无忧退货，快捷配送服务，为消费者提供海量海外商品购买渠道，希望帮助中国用户"用更少的钱，过更好的生活"，助推消费和生活的双重升级。

网易云课堂，网易公司旗下领先的实用技能学习平台。与清华大学五道口金融学院、国际学术出版商 Wiley、创新工场、艾问传媒等多家权威高校、教育机构合作，在汇集优质课程资源的基础上，增设丰富的学习管理和支持功能，为用户提供教学内容的生成、传播和消费服务，让每一个有意愿提升自己的人都能在此获得更优质的教育资源。2015年2月，网易云课堂推出以就业为导向的职业体系化培养方案——微专业，致力于解决传统教育与社会需求脱节的问题。目前，已经上线的产品经理、前端开发工程师、UI设计师、产品运营等21个微专业，为"互联网+"时代提供了新颖的在线人才培养途径。截至2016年5月，网易云课堂已经拥有1万多门课程，覆盖18个教学领域，100多个细致分类，近20万个课程视频，合作机构/讲师近1500家（位），受到3000万注册用户的喜爱。

爱玩App

爱玩，作为网易旗下游戏新媒体，目前已成为国内最专业的游戏新闻与社区手机客户端。数百位特约作者入驻，打造了游戏科学、游戏艺术、每日一雷等二十多个原创栏目；百万玩家汇集，与大神玩家零距离沟通，感受游戏本质。

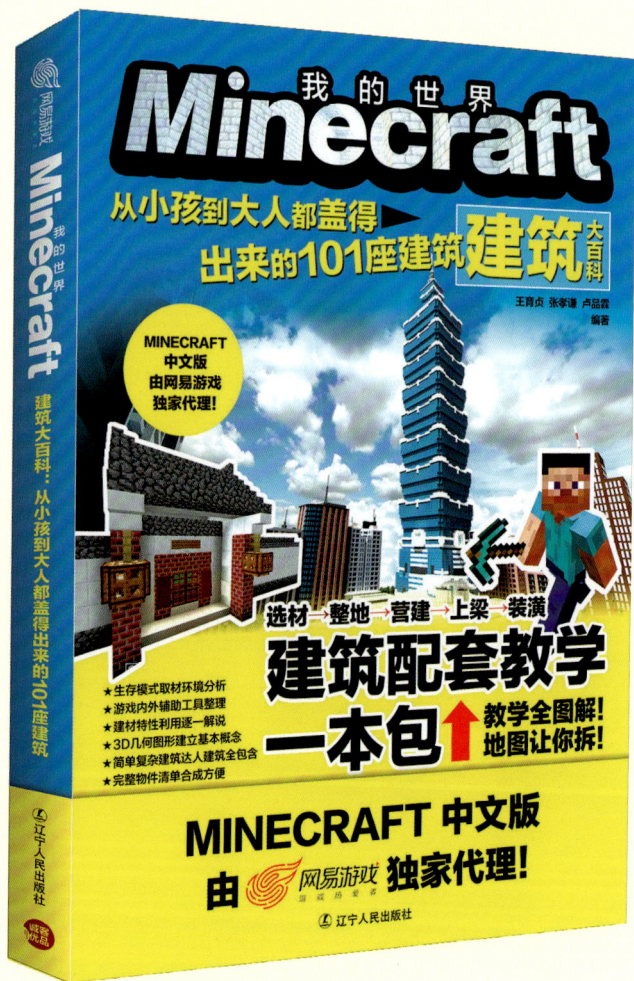

《Minecraft 建筑大百科：从小孩到大人都盖得出来的 101 座建筑》
选材→整地→营建→上梁→装潢 建筑配套教学一本包！

我 的 世 界
Minecraft
DIY大事典
我的世界——方块人的50招荒野求生秘技

尖端出版GC编辑部 编著

Xbox One 与 Minecraft的结合
更宽广的世界，更有趣的材质包，
Kinect触感，Hololens混合实境等，
让你体验Minecraft的无穷玩法！

Minecraft-PE懒人包
从新手开始逐步教你迈向老手的一系列
手机版麦块速成课程，玩好MC-PE也
是要下点功夫的！

MINECRAFT
中文版
由网易游戏
独家代理！

★ 面对僵尸重重包围，
我想活下去！

你一定 50 生存
要学会 招 秘技
一本全包

盖屋 挖宝 畜牧 农耕

MINECRAFT 中文版
由 网易游戏 独家代理！

辽宁人民出版社

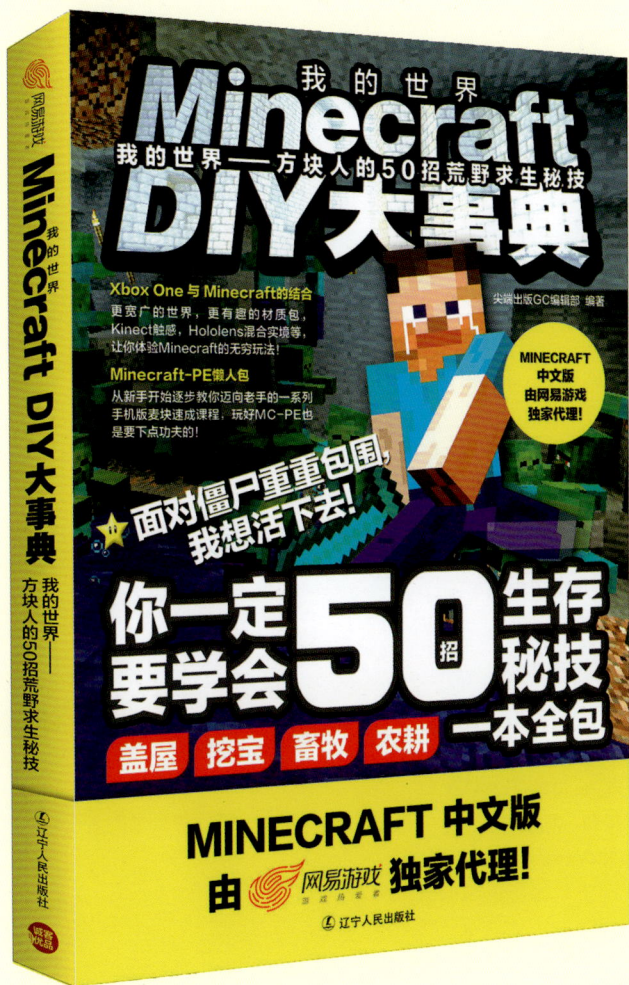

《Minecraft DIY 大事典：我的世界——方块人的 50 招荒野求生秘技》
生存模式达人教导 50 招荒野求生秘技，盖屋、挖宝、畜牧、农耕一本全包！

图书在版编目（CIP）数据

Minecraft DIY大事典 / 尖端出版1-2编辑部编著. —沈阳：
辽宁人民出版社，2016.9（2020.6重印）
ISBN 978-7-205-08665-7

Ⅰ.①M… Ⅱ.①尖… Ⅲ.①电子游戏—青少年读物
Ⅳ.①G899-49

中国版本图书馆CIP数据核字（2016）第185755号

版权合同登记号图字06-2016年第88号

出版发行：辽宁人民出版社
　　　　　地址：沈阳市和平区十一纬路25号　邮编：110003
　　　　　电话：024-23284321（邮　购）　024-23284324（发行部）
　　　　　传真：024-23284191（发行部）　024-23284304（办公室）
　　　　　http://www.lnpph.com.cn
印　　刷：辽宁星海彩色印刷有限公司
幅面尺寸：145mm×210mm
印　　张：7
字　　数：229千字
出版时间：2016年9月第1版
印刷时间：2020年6月第2次印刷
责任编辑：赵维宁
封面设计：80零·小贾
责任校对：刘再升　吴艳杰
书　　号：ISBN 978-7-205-08665-7
定　　价：49.80元